Langenscheidt

Universal-Phrasebook Italian

Edited by the
Langenscheidt Editorial Staff

Langenscheidt

Berlin · Munich · Vienna · Zurich
London · Madrid · New York · Warsaw

Phonetic transcriptions: The Glanze Intersound System
Illustrations: Kirill Chudinskiy

Neither the presence nor the absence of a designation that any entered word constitutes a trademark should be regarded as affecting the legal status of any trademark.

ISBN 978-3-468-98986-5
© 2011 Langenscheidt KG, Berlin and Munich
Printed in Germany

11010

INHALT

The Essentials
Personal Data
9 How to find it
12 How do you pronounce it?

1 HUMAN RELATIONS

16 Hi and Bye!
17 Small Talk
17 ... about yourself and others
19 ... about home and vacation
20 Socializing
20 Would you like to ...?
22 No, thanks!
22 Communicating
23 What do you think?
24 Basic Phrases
24 Please; Thank you
25 I'm sorry!
25 Best wishes!
26 For the Handicapped
27 Human Relations (word list)
29 Business Contacts
29 On the Phone
30 At the Reception Desk
30 At Trade Fairs
31 Business Contacts (word list)

2 ACCOMMODATIONS

34 Information
35 Hotel and Vacation Rental
35 Hotel
39 Vacation Rental
40 Complaints
46 Youth Hostel, Camping
46 Youth Hostel
47 Camping

3 ON THE WAY

54 Asking the Way
56 At the Border
56 Passport Control
57 Customs
59 Luggage
61 Plane
61 Information and Booking
63 On the Plane
64 Rail
64 Information and Tickets
68 On the Train
70 Boat
70 Information and Booking
71 On Board
73 Car, Motorbike and Bike
73 Rentals
75 Parking

76 Gas Stations, Car Repairs
77 Breakdown and Accidents
80 Do it yourself
81 At the Repair Shop
87 Bus, Subway, Taxi
87 By Bus and Subway
89 Taxi!
92 Hitchhiking

4 FOOD AND DRINK

94 Menu
103 Beverages
107 Information
109 Waiter!
113 Complaints
114 The check, please
115 Dining with Friends

5 SIGHTSEEING

124 Tourist Information
126 Sightseeing, Excursions
135 Plants (word list)
136 Animals (word list)

6 SHOPPING

138 Basic Phrases
141 General Vocabulary
142 Colors and Patterns (word list)

143 Stores (word list)
145 Food
150 Souvenirs
151 Clothes and Dry Cleaner's
154 Shoes
156 Watches and Jewelry
157 Personal Hygiene and Household
157 Personal Hygiene (word list)
160 Household (word list)
162 At the Optician's
163 At the Hairdresser's
166 Photo and Video
169 Reading and Writing
172 At the Tobacconist's

7 ENTERTAINMENT AND SPORTS

174 Swimming and Water Sports
174 At the Beach
175 At the Swimming Pool
179 Mountaineering
181 Skiing
184 More Sports and Games
188 Culture and Festivals
192 Going out in the Evening

8 POST OFFICE, BANK, INTERNET

196 Post, Telegrams, Telephone
196 Letters and Parcels
197 The Line Home
201 Money Matters
204 Internet

9 EMERGENCIES

206 Health
206 Information
207 Drugstore
210 At the Doctor's
212 What you should tell the doctor
213 What the doctor says
215 Ask the doctor
215 In the Hospital
217 Parts of the Body and Organs (word list)
219 Diseases, Doctor, Hospital (word list)
224 At the Dentist's
225 What the dentist says
227 Police; Lost and Found
229 What the police say

10 TIME AND WEATHER

232 Time
232 Time of Day
233 Basic Vocabulary (word list)
235 Seasons (word list)
235 Legal Holidays (word list)
236 The Date
236 Days of the Week (word list)
237 Months (word list)
237 The Weather

241 GRAMMAR

Numbers

HOW TO FIND IT

This phrasebook contains all of the most important expressions and words you'll need for your trip. They have been divided up according to situation and organised into 10 **chapters**. The page borders have been colored to help you find things even more quickly.

Each chapter consists of **example sentences** and **lists of words** together with complementary vocabulary. This will help you put together exactly the right sentence you need for any situation. The easy-to-understand basic grammar section will give you further support.

Of course you can just show the person you're talking to the Italian translation of the sentence you wish to say. But the easily distinguished, blue **phonetic alphabet** will enable you to speak your chosen phrase without any knowledge of Italian whatsoever.

For vital situations we have also included **sentences that go from Italian to English**, so that an Italian may also be able to communicate with you.

In order to cover as many different situations as possible, we offer **alternatives** with many sentences; these are written in italics and separated by a slash:

Will I see you *tomorrow/this evening*?	**Ci vediamo *domani/stasera*?** tshē vedyä'mō *dōmän'ē/stäse'rä*?

You can separate the alternatives into individual sentences, asking either:

Will I see you tomorrow?	**Ci vediamo domani?** tshē vedyä'mō dōmän'ē?

or

Will I see you this evening?	**Ci vediamo stasera?** tshē vedyä'mō stäse'rä?

When we offer more than two possibilities there will be an elipsis at that point in the sentence; the possible **phrases to complete your sentence** will be listed underneath:

I would like...	**Vorrei...** vōre'ē...
a list of hotels.	**un annuario alberghi.** ōōn änōō·är'yō älber'gē.
a map of the area.	**una cartina della zona.** ōō'nä kärtē'nä de'lä dzō'nä.
a map of the city.	**una pianta della città.** ōō'nä pyän'tä de'lä tshētä'.
a map of the subway.	**una cartina della metropolitana.** ōō'nä kärtē'nä de'lä metrōpōlētä'nä.
a calendar of events.	**un programma delle manifestazioni.** ōōn prōgrä'mä de'le mänēfestätsyō'nē.

You can then put them together as needed, for example:

I would like a map of the city.	**Vorrei una pianta della città.** vōre'ē ōō'nä pyän'tä de'lä tshētä'.

Often you will also find **sentence completions in parentheses**. You can include these in your communication as you like.

How much does this cost (approximately)? **Quanto costa (all'incirca)?**
kōō·än'tö kō'stä (älēntshēr'kä)?

If you wish to know the exact price, then simply leave out the word for approximately - **all'incirca**.

In Italian the form of the word used is sometimes dependent upon the gender of either the person speaking or the person addressed. In these cases we have indicated the different forms by the symbols ♂ (masculine) and ♀ (feminine):

Are you married? **È ♂ sposato/ ♀ sposata?**
e ♂ spōzä'tō/ ♀ spōzä'tä?

You would ask a man: **È sposato?**, and a woman **È sposata?**

In Italian, nouns and their qualifying adjectives belong to either the masculine or feminine gender, and the articles differ accordingly. To clarify this we have used the abbreviations ***m*** for masculine and ***f*** for feminine words in the vocabulary lists. We have included the feminine endings with the adjectives only when they are irregular. You will find the rules for the regular endings in the short grammar section of this book.

We hope you enjoy using our phrasebook and have a fun-filled vacation!

HOW DO YOU PRONOUNCE IT?

All words and phrases are accompanied by simplified pronunciation. The sound symbols are the ones you are familiar with from your high-school or college dictionaries of the *English* language, but applied here to foreign languages – a unique feature of *Langenscheidt's Universal Phrasebooks.*

Symbol	Approximate Sound	Examples
	VOWELS	
ä	The *a* of *father*.	*facile* fä'tshēle
e	Either the *e* of *met* (as in Italian *festa*) or the *a* of *fate* (as in Italian *sera*). The difference is not shown here; it has to be learned by listening.	*festa* fe'stä *sera* se'rä
ē	The *e* of *he*.	*piccolo* pē'kōlō
ī	The *i* of *time*.	*dai* dī *traino* trī'no
ō	Either the *o* of *nose* (as in Italian *sole*) or the *o* of *often* (as in Italian *donna*). The difference is not shown here; it has to be learned by listening.	*sole* sō'le *donna* dō'nä

Symbol	Approximate Sound	Examples
oi	The *oi* of *voice*.	*poi* poi
ōō	The *u* of *rule* (but without the "upglide").	*luna* lōō'nä
ou	The *ou* of *house*.	*laudare* loudä're
	CONSONANTS	
b	The *b* of *boy*.	*bello* be'lō
d	The *d* of *do*.	*dare* dä're
f	The *f* of *far*.	*farina* färē'nä
g	The *g* of *go*.	*gusto* gōō'stō
j	The *j* of *John*.	*giorno* jōr'nō *oggetto* ōje'tō
k	The *k* of *key*, the *c* of *can*.	*casa* kä'sä *scherzo* sker'tsō
l	The *l* of *love* (not of *fall*).	*mela* me'lä
m	The *m* of *me*.	*mano* mä'nō
n	The *n* of *no*.	*nome* nō'me
ng	The *ng* of *sing*. (Occurs in some foreign words in Italian.)	*bowling* bō'lēng
p	The *p* of *pin*.	*pane* pä'ne

Symbol	Approximate Sound	Examples
r	The *r* of *run* (but with a slight "trill").	*roba* rō'bä *carta* kär'tä
s	The *s* of *sun* (See also z, below.)	*sala* sä'lä *casa* kä'sä
sh	The *sh* of *shine.*	*lasciare* läshä're
t	The *t* of *toy*.	*tempo* tem'pō
tsh	The *ch* of *much*.	*cento* tshen'tō
v	The *v* of *vat*.	*vita* vē'tä
y	The *y* of *year*.	*gennaio* jenä'yō *stiamo* styä'mō
z	The *z* of *zeal*.	*paese* pä·e'ze *sbaglio* zbä'lyō

Note these frequent combinations:

ly as in *meglio* me'lyō
ny as in *agnello* änye'lō or *legno* le'nyō
ts as in *rizzare* rētsä're or *zampa* tsäm'pä
dz as in *mezzo* me'dzō or *zebra* dze'brä
tsy as in *negozio* negō'tsyō
ōō·e as in *guerra* gōō·e'rä
ōō·ē as in *qui* kōō·ē' or *guidare* gōō·ēdä're

A raised dot separates two neighboring vowel symbols. This dot is merely a convenience to the eye; it does not indicate a break in pronunciation.

Human Relations

HI AND BYE!

Good morning.	**Buongiorno!** bōō·ōnjōr'nō!
Good afternoon.	**Buongiorno!** bōō·ōnjōr'nō!
Good evening.	**Buona sera!** bōō·ō'nä se'rä!
Good night.	**Buona notte!** bōō·ō'nä nō'te!
Hi.	**Ciao!** tshäō!

INFO To greet someone during the late afternoon and evening, say **Buona sera. Buona notte** is used only very late in the evening before you go to bed. Say **Ciao** to greet good friends or acquaintances.

May I sit here?	**Posso sedermi accanto a *Lei/te*?** pō'sō seder'mē äkän'tō ä *le'ē/te*?
I'm sorry, but this seat is taken.	**No, mi dispiace, qui è già occupato.** nō, mē dēspyä'tshe, kōō·ē' e jä ōkōōpä'tō.
How are you?	**Come *sta/stai*?** kō'me *stä/stī*?
I'm sorry, but I have to go now.	**Mi dispiace, ma adesso devo andare.** mē dēspyä'tshe, mä äde'sō de'vō ändä're.
Good-bye!	**Arrivederci!** ärēveder'tshē!
So long/see you tomorrow!	**A *presto/domani*!** ä *pre'stō/dōmä'nē!*
Bye!	**Ciao!** tshäō!

INFO To take your leave of good friends you say **Ciao**. The more "official" way to say goodbye is **Arrivederci**, or **Arrivederla** ärēveder'lä if you wish to show particular respect to an individual person.

Nice meeting you.	**Molto piacere di *aver La conosciuta/ averti conosciuto*.** mōl'tō pyätshe're dē *äver'lä kōnōshōō'tä/äver'tē kōnōshōō'tō.*
Thank you for a lovely evening.	**Grazie per la bella serata.** grä'tsē·e per lä be'lä serä'tä.
Have a good trip!	**Buon viaggio!** bōō·ōn' vyä'jō!

SMALL TALK ...

... about yourself and others

What's your name?	**Come *si chiama/ti chiami*?** Kō'me *sē kyä'mä/tē kyä'mē*?
My name is ...	**Mi chiamo ...** mē kyä'mō ...

INFO There are three ways to say "you" in Italian: a familiar, a polite, and a plural form. The **tu** tōō (familiar) form is used when friends, children, and young people talk individually to each other. Use the **Lei** le'ē (polite) form when speaking to strangers, lesser-known acquaintances, or elders. And when addressing two or more people – regardless of how well you know them – use the **voi** vo'ē (plural) form.

Where are you from?	**Di *dov'è/dove sei*?** dē *dōve'/dō've se'ē*?
I'm from the United States.	**Sono ♂americano/♀americana.** sō'nō ♂ämerēkä'nō/♀ämerēkä'nä.
I'm from New York.	**Sono di New York.** sō'nō dē nōōyōrk'.
Are you married?	***È/Sei* ♂sposato/♀sposata?** *e/se'ē* ♂spōzä'tō/♀spōzä'tä?
Do you have children?	***Ha/Hai* figli?** *ä/ī* fē'lyē?
Do you have any brothers or sisters?	***Ha/Hai* dei fratelli?** *ä/ī de'ē* fräte'lē?
I have a *sister/brother*.	**Ho *una sorella/un fratello*.** ō *ōō'nä sōre'lä/ōōn fräte'lō*.
How old are you?	**Quanti anni *ha/hai*?** kōō·än'tē ä'nē *ä/ī*?
I'm ... old.	**Ho ... anni.** ō ... ä'nē.
What sort of work do you do?	**Che lavoro *fa/fai*?** ke lävō'rō *fä/fī*?
I'm still going to school.	**Vado ancora a scuola.** vä'dō änkō'rä ä skōō·ō'lä.

... about home and vacation

È la prima volta che *è/sei* qui? e lä prēmä vōl'tä ke *e/se'ē* kōō·ē'? — Is this your first time here?

No, I've been to Italy ... time(s) before. — **No, sono ♂stato/♀stata in Italia già altre ... volte.** nō, sō'nō ♂stä'tō/♀stä'tä ēn ētä'lyä jä al'tre ... vōl'te.

Da quanto tempo *è/sei* qui? dä kōō·än'tō tem'pō *e/se'ē* kōō·ē'? — How long have you been here?

For ... *days/ weeks* now. — **Da ... *giorni/settimane*.** dä ... *jōr'nē/setēmä'ne*.

Per quanto tempo *rimane/rimani* ancora? per kōō·än'tō tem'pō *rēmä'ne/rēmä'nē* änkō'rä? — How much longer will you be staying?

I'm leaving tomorrow. — **Riparto domani.** rēpär'tō dōmä'nē.

Another *week/ two weeks*. — **Ancora *una settimana/due settimane*.** änkō'rä *ōō'nä setēmä'nä/dōō'e setēmä'ne*.

***Le/Ti* piace qui?** *le/tē* pyä'tshe kōō·ē'? — How do you like it here?

I like it very much. — **Mi piace molto.** mē pyä'tshe mōl'tō.

Have you seen ... ? — ***Ha/Hai* già visto ...?** *ä/ī* jä vē'stō ...

Have you ever been to America?	***È/Sei* ♂stato/♀stata mai in America?** *e/se'ē* ♂stä'tō/♀stä'tä mī ēn äme'rēkä?
Did you like it there?	***Le/Ti* è piaciuta?** *le/tē* e pyätshōō'tä?
You should visit me if you come to America.	**Mi *venga/vieni* a trovare, se *viene/vieni* in America.** mē *ven'gä/vye'nē* ä trōvä're, se *vye'ne/vye'nē* ēn äme'rēkä.
This is my address.	**Ecco il mio indirizzo.** e'kō ēl mē'ō ēndērē'tsō.
You're welcome to stay at my house.	***Può/Puoi* venire a stare da me.** *pōō·o'/pōō·oi'* venē're ä stä're dä me.
I'd love to show you the *city/town*.	***Le/Ti* faccio vedere la città.** *le/tē* fä'tshō vede're lä tshētä'.

SOCIALIZING

Would you like to ...?

What are you doing tomorrow?	**Che cosa *fa/fai* domani?** ke kō'sä *fä/fī* dōmä'nē?
We could do something together, if you like.	**Potremmo fare qualcosa insieme, se *Le/ti* va.** pōtre'mō fä're kōō·älkō'sä ēnsye'me, se *le/tē* vä.
Shall we meet *this evening/tomorrow*?	**Ci vediamo *staseraldomani*?** tshē vedyä'mō *stäse'rä/dōmän'ē*?

Yes, I'd like that.	**Sì, volentieri.** sē, vōlentye'rē.
I'm sorry, but I already have plans.	**Purtroppo non posso, ho già un impegno.** pōōrtrō'pō nōn pō'sō, ō jä ōōn ēmpe'nyō.

INFO When addressing a man, use **signor** sēnyōr and his last name, if known. Women are addressed as **signora** sēnyō'rä, girls and younger women as **signorina** sēnyōrē'nä, with or without the last name.

Would you like to join me for dinner this evening?	**Andiamo a mangiare insieme stasera?** ändyä'mō ä mänjä're ēnsye'me stäse'rä?

➡ *see also: Dining with Friends (p. 115), Going out in the Evening (p. 193)*

I'd like to invite you to …	***La/Ti* vorrei invitare.** *lä/tē* vōre'ē ēnvētä're.
When/Where shall we meet?	***Quando/Dove* ci incontriamo?** *kōō·än'dō/dō've* tshē ēnkōntrē·ä'mō?
Let's meet at … o'clock.	**Incontriamoci alle …** ēnkōntrē'ämōtshē ä'le …
I'll pick you up at … o'clock.	***La/Ti* vengo a prendere alle …** *lä/tē* ven'gō ä pren'dere ä'le …
I'll take you home.	***La/Ti* accompagno a casa.** *lä/tē* äkōmpä'nyō ä kä'sä.

Will I see you again? **Ci vediamo un'altra volta?**
tshē vedyä'mō ōōnäl'trä vōl'tä?

No, thanks!

I'm afraid that won't be possible. **Mi dispiace, ma non posso.**
mē dēspyä'tshe, mä nōn pō'sō.

I already have plans. **Ho già un impegno.**
ō jä ōōn ēmpe'nyō.

I'm waiting for someone. **Aspetto qualcuno.** äspe'tō kōō·älkōō'nō.

I'm not interested. **Non ho voglia.** nōn ō vō'lyä.

That's enough of that! **Adesso basta!** äde'sō bä'stä!

Get lost! **Sparisci!** spärē'shē!

COMMUNICATING

Does anyone here speak English? **C'è qualcuno che parla inglese?** tshe kōō·älkōō'nō ke pär'lä ēn·gle'se?

? ***Parla/Parli* italiano?**
pär'lä/pär'lē ētälyä'nō?
Do you speak Italian?

Only a little. **Soltanto un po'.** sōltän'tō ōōn pō.

Please speak a little more slowly. **Per favore, parli più lentamente.**
per fävō're, pär'lē pyōō lentämen'te.

? ***Ha/Hai* capito?** ä/ī käpē'tō? Do you understand?

I understand.	**Ho capito.** ō käpē'tō.
I didn't understand that.	**Non ho capito questo.** nōn ō käpē'tō kōō·e'stō.
Could you repeat that, please?	**Lo può ripetere, per favore?** lō pōō·ō' rēpe'tere, per fävō're?
What is this called in Italian?	**Come si dice in italiano?** kō'me sē dē'tshe ēn ētälyä'nō?
What does ... mean?	**Che cosa significa ...?** ke kō'sä sēnyē'fēkä ...?
Please write it down for me.	**Me lo scriva, per favore.** me lō skrē'vä, per fävō're?
How do you pronounce that?	**Come si pronuncia?** kō'me sē pronōōn'tshä?

What do you think?

It *was/is* very nice here.	***È stato/È* molto bello qui.** *e stä'tō/e* mōl'tō be'lō kōō·ē'.
Great!	**Benissimo!** benē'sēmō!
Wonderful!	**Magnifico!** mänyē'fēkō!
I like that.	**Mi piace.** mē pyä'tshe.
Gladly.	**Molto volentieri.** mōl'tō vōlentye'rē.
OK.	**Va bene.** vä be'ne.

It's all the same to me.	**Mi è indifferente.** mē e ēndēferen'te.
Whatever you like.	**Come *vuole/vuol.*** kō'me *vōō·ō'le/vōō·ōl!*
I don't know yet.	**Non lo so ancora.** nōn lō sō änkō'rä.
Maybe.	**Forse.** fōr'se.
Too bad!	**Che peccato!** ke pekä'tō!
I'm afraid that's impossible.	**Purtroppo non è possibile.** pōōrtrō'pō nōn e pōsē'bēle.
I'd rather ...	**Preferirei ...** preferēre'ē ...
I don't like that.	**Non mi piace.** nōn mē pyä'tshe.
No.	**No.** nō.
Absolutely not.	**In nessun caso.** ēn nesōōn' kä'zō.

BASIC PHRASES

Please; Thank you

Could you please help me?	**Mi potrebbe aiutare, per favore?** mē pōtre'be äyōōtä're, per fävō're?
Yes, please.	**Sì, volentieri.** sē, vōlentye'rē.
No, thank you.	**No, grazie.** nō, grä'tsē·e.
Thank you very much.	**Grazie mille.** grä'tsē·e mē'le.

Thank you, that was very nice of you.	**Molte grazie, è stato molto gentile da parte Sua.** mōl'te grä'tsē·e, e stä'tō mōl'tō jentē'le dä pär'te sōō'ä.
You're welcome.	**Prego.** pre'gō.

INFO To say "please," use **per favore**. The Italian word **prego** means "you're welcome" when used as a response to **grazie** (thank you). It is, however, also used when giving or handing something to someone (like saying "Here you are") or indicating to someone to take a seat or go ahead ("After you").

May I?	**Posso?** pō'sō?

I'm sorry!

Excuse me!	**Scusi!** skōō'zē!
Sorry about that.	**Mi dispiace.** mē dēspyä'tshe.
It was a misunderstanding.	**È stato un malinteso.** e stä'tō ōōn mälēnte'zō.

Best wishes!

Best wishes!	**Tante belle cose!** tän'te be'le kō'sē!
Happy birthday!	**Tanti auguri di buon compleanno!** tän'tē ougōō'rē dē bōō·ōn' kōmple·ä'nō!
Have a good trip!	**Buon viaggio!** bōō·ōn' vyä'jō!

Have a good time!	**Buon divertimento!** bōō·ōn' dēvertēmen'tō!
Merry Christmas!	**Buon Natale!** bōō·ōn' nätä'le!
Happy New Year!	**Felice anno nuovo!** felē'tshe ä'nō nōō·ō'vō!
Happy holidays!	**Buone feste!** bōō·ō'ne fe'ste!

FOR THE HANDICAPPED

I'm physically handicapped. Can you please help me?	**Sono ♂handicappato/♀handicappata. Mi può aiutare, per favore?** sō'nō ♂ändēkäpä'tō/♀ändēkäpä'tä. mē pōō·ō' äyōōtä're, per fävō're?
Do you have a wheelchair for me?	**Ha una sedia a rotelle per me?** ä ōō'nä se'dyä ä rōte'le per me?
Can you please take my luggage to the *room/taxi*?	**Mi può portare i bagagli *in camera/ fino al taxi*?** mē pōō·ō' pōrtä're ē bägä'lyē *ēn kä'merä/fē'nō äl tä'ksē*?
Where is the nearest elevator?	**Dov'è l'ascensore più vicino?** dōve' läshensō're pyōō vētshē'nō?
Is it suitable for wheelchairs?	**È accessibile alle sedie a rotelle?** e ätshesē'bēle ä'le se'dye ä rote'le?
Is there a ramp for wheelchairs?	**C'è una salita per sedie a rotelle?** tshe ōō'nä sälē'tä per se'dye ä rote'le?

Where is the rest room for handicapped?	**Dov'è un gabinetto per handicappati?** dōve' ōōn gäbēne'tō per ändēkäpä'tē?
I need someone to accompany me.	**Ho bisogno di qualcuno che mi accompagni.** ō bēzō'nyō dē kōō·älkōō·nō ke mē äkōmpä'nyē.

Human Relations

address	**l'indirizzo** lēndērē'tsō
alone	**solo** sō'lō
to arrive	**arrivare** ärēvä're
boyfriend	**il ragazzo** ēl rägä'tsō
brother	**il fratello** ēl fräte'lō
brothers and sisters	**i fratelli** ē fräte'lē
child	**il bambino** ēl bämbē'nō
city	**la città** lä tshētä'
to go dancing	**andare a ballare** ändä're ä bälä're
daughter	**la figlia** lä fē'lyä
father	**il padre** ēl pä'dre
friend *(male)*	**l'amico** lämē'kō
friend *(female)*	**l'amica** lämē'kä
girlfriend	**la ragazza** lä rägä'tsä
to have plans	**avere un impegno** äve're ōōn ēmpe'nyō
husband	**il marito** ēl märē'tō
to invite	**invitare** ēnvētä're
to like *(I would like to)*	**volere** vōle're
to like *(it appeals to me)*	**piacere** pyä'tshere

to leave	**partire** pärtē're
little	**poco** pō'ko
to make a date	**darsi appuntamento** där'sē äpōōntämen'tō
married	***sposato/sposata*** *spōzä'tō/spōzä'tä*
to meet *(get to know)*	**conoscere** kōnō'shere
to meet *(up with someone)*	**incontrarsi** ēnkōnträr'sē
mother	**la madre** lä mä'dre
no	**no** nō
to go out to eat	**andare a mangiare (fuori)** ändä're ä mänjä're (fōō·ō'rē)
profession	**la professione** lä prōfesyō'ne
satisfied	**contento** kōnten'tō
school	**la scuola** lä skōō·ō'lä
sister	**la sorella** lä sōre'lä
son	**il figlio** ēl fē'lyō
to speak	**parlare** pärlä're
student *(female)*	**la studentessa** lä stōōdente'sä
student *(male)*	**lo studente** lō stōōden'te
to study	**studiare** stōōdyä're
to understand	**capire** käpē're
vacation	**la vacanza** lä väkän'tsä
to wait	**aspettare** äspetä're
wife	**la moglie** lä mō'lye
to write down	**scrivere** skrē'vere
yes	**sì** sē

BUSINESS CONTACTS

On the Phone

➡ *see also: Communicating (p. 22)*

This is *(name)* *at/from (company)*.	**Qui parla … della ditta …** kōō·ē' pär'lä … de'lä dē'tä …
I would like to speak to …	**Vorrei parlare con …** vōre'ē pärlä're kōn …

! **Sono io.** sō'nō ē'ō. — Speaking.

! **Glielo/Gliela passo.** lye'lō/lye'lä pä'sō. — I'll connect you.

! **Attenda in linea, per favore.** äten'dä ēn lē'ne·ä, per fävō're. — Please hold.

! **… è occupato.** … e ōkōōpä'tō. — … is busy at the moment.

! **… oggi non c'è.** … ō'jē nōn tshe. — … is not here today.

? **Vuole lasciare detto qualcosa?** vōō·ō'le läshä're de'tō kōō·älkō'sä? — Would you like to leave a message?

May I leave a message for …?	**Posso lasciare un messaggio per …?** pō'sō läshä're ōōn mesä'jō per …?

At the Reception Desk

I 'm here to see Mr. Rossi.	**Vorrei andare dal signor Rossi.** vōre'ē ändä're däl sēnyōr' rō'sē.
My name is …	**Il mio nome è …** ēl mē'ō nō'me e …
I have an appointment with … at … o'clock.	**Ho un appuntamento con … alle …** ō ōōn äpōōntämen'tō kōn … ä'le …

! **Un momento, per favore.** ōōn mōmen'tō, per fävō're. — One moment, please.

! **… arriva subito.** … ärē'vä sōō'bētō. — … will be right here.

! **… è ancora ad una riunione.** … e änkō'rä äd ōō'nä rē·ōōnēō'ne. — … is still in a meeting.

! **Venga, La accompagno da …** ven'gä, lä äkōmpä'nyō dä … — Please follow me. I'll show you to …

? **Può attendere un istante, per favore?** pōō·ō' äten'dere ōōn ēstän'te, per fävō're? — Would you please wait here a moment?

At Trade Fairs

I'm looking for the … booth.	**Cerco lo stand della ditta …** tsher'kō lō ständ de'lä dē'tä …
Do you have any brochures on …?	**Ha del materiale informativo su …?** ä del mäteryä'le ēnfōrmätē'vō sōō …?

Do you also have pamphlets in English?	**Avete dei depliant anche in inglese?** ave'te de'ē deplē·än' än'ke ēn ēn·gle'se?
Whom can I ask?	**A chi mi posso rivolgere?** ä kē mē pō'sō rēvōl'jere.

1

Business Contacts

address	**l'indirizzo** lēndērē'tsō
to announce oneself	**annunciare** änōōntshyä're
appointment	**l'appuntamento** läpōōntämen'tō
auditorium	**il padiglione** ēl pädēlyō'ne
booth	**lo stand** lō ständ
to call (on the phone)	**telefonare** telefōnä're
catalog	**il catalogo** ēl kätä'lōgō
client, customer	**il cliente** ēl klē·en'te
company	**la ditta** lä dē'tä
conference	**la conferenza** lä kōnferen'tsä
– room	**la sala delle riunioni** lä sä'lä de'le rē·ōōnēō'nē
copy	**la fotocopia** lä fōtōkō'pyä
corporation	**il gruppo industriale** ēl grōō'pō ēndōōstrē·ä'le
department	**il reparto** ēl repär'tō
– head	**il direttore del reparto** ēl dēretō're del repär'tō

documents	**la documentazione** lä dōkōōmentätsyō'ne
entrance	**l'entrata** lenträ'tä
exit	**l'uscita** lōōshē'tä
fax machine	**il telefax** ēl te'lefäks
information	**l'informazione** *f* lēnfōrmätsyō'ne
interpreter	**l'interprete** *m, f* lēnter'prete
management	**la direzione** lä dēretsyō'ne
manager	**il direttore** ēl dēretō're
to meet (up with someone)	**incontrare** ēnkōnträ're
meeting *(discussion)*	**la riunione** lä rē·ōōnyō'ne
meeting *(get-together)*	**l'incontro** lēnkōn'trō
news	**il messaggio** ēl mesä'jō
to notify	**avvisare** ävēsä're
office	**l'ufficio** lōōfē'tshō
price	**il prezzo** ēl pre'tsō
– list	**il listino prezzi** ēl lēstē'nō pre'tsē
prospectus	**il depliant** ēl deplē·än'
reception	**la reception** lä resep'shōn
representative	**il rappresentante** ēl räpresentän'te
sample	**il campione** ēl kämpyo'ne
secretary	**la segretaria** lä segretär'yä
subsidiary	**la (società) filiale** lä (sōtshetä') fēlyä'le
telephone	**il telefono** ēl tele'fōnō
to telephone	**telefonare** telefōnä're
trade fair	**la fiera** lä fye'rä

Accommodations

INFORMATION

Where is the tourist information office?	**Dov'è l'ufficio informazioni turistiche?** dōve' lōōfē'tshō ēnfōrmätsyō'nē tōōrē'stēke?
Do you know where I can rent a room here?	**Mi saprebbe dire dove posso trovare una camera?** mē säpre'be dē're dō've pō'sō trōvä're ōō'nä kä'merä?

INFO The Tourist Information Office **(ufficio informazioni turistiche)** will be happy to give you information about hotels, guest houses, or rooms to rent in family homes.

Could you recommend ...	**Mi potrebbe consigliare ...** mē pōtre'be kōnsēlyä're ...
a good hotel?	**un buon albergo?** ōōn bōō·ōn' älber'gō?
an inexpensive hotel?	**un albergo economico?** ōōn älber'gō ekōnō'mēkō?
a boarding house?	**una pensione?** ōō'nä pensyō'ne?
a room at a private home?	**un alloggio presso privati?** ōōn älō'jō pre'sō prēvä'tē?
I'm looking for somewhere to stay ...	**Cerco un alloggio ...** tsher'kō ōōn älō'jō ...
in a *central/quiet* location.	**in *centro/una zona tranquilla.*** ēn *tshen'trō/ōō'nä dzō'nä tränkōō·ē'lä.*

at the beach.	**vicino alla spiaggia.** vētshē'nō ä'lä spyä'jä.
What will it cost (approximately)?	**Quanto costa (all'incirca)?** kōō·än'tō kō'stä (älēntshēr'kä)?
Can you make a reservation for me there?	**Mi può fare una prenotazione?** mē pōō·ō' fä're ōō'nä prenōtätsyō'ne?
Is there a *youth hostel/camping ground* here?	**C'è un *ostello della gioventù/campeggio* qui vicino?** tshe ōōn *ōste'lō de'lä jōventōō'/kämpe'jō* kōō·ē' vētshē'nō?
Is it far from here?	**È lontano da qui?** e lōntä'nō dä kōō·ē'?
How do I get there?	**Come ci si arriva?** kō'me tshē sē ärē'vä?
Can you draw me a map?	**Mi può fare uno schizzo della strada da fare?** mē pōō·ō' fä're ōō'nō skē'tsō de'lä strä'dä dä fä're?

HOTEL AND VACATION RENTAL

Hotel

I have a reservation. My name is …	**Ho una camera prenotata qui da voi. Il mio nome è …** ō ōō'nä kä'merä prenō-tä'tä kōō·ē' dä voi. ēl mē'ō nō'me e …
Here is my confirmation.	**Ecco la conferma.** e'kō lä kōnfer'mä.

2

INFO If you would like a double room, you have a choice between a **camera matrimoniale** kä'merä mätrēmōnēä'le (a room with a double bed) and a **camera doppia** kä'merä dō'pyä (a room with two single beds).

Do you have a *double/single* room available ...	**Avete una camera *doppia/singola* libera ...** äve'te ōō'nä kä'merä *dō'pyä/ sēn'gōlä* lē'berä ...
for *one night/ ... nights*?	**per *una notte/... notti*?** per *ōō'nä nō'te/... nō'tē*?
with a *full bathroom/shower and toilet*?	**con *bagno/doccia e WC*?** kōn *bä'nyō/dō'tshä e vōō-tshē'*?
with a sea view?	**con vista sul mare?** kōn vē'stä sōōl mä're?
with a balcony?	**con balcone?** kōn bälkō'ne?

! **Purtroppo è tutto esaurito.** pōōrtrō'pō e tōō'tō ezä·ōōrē'tō. — I'm sorry, but we're booked out.

! ***Domani/Il* ... si libererà una camera.** *dōmä'nē/ēl* ... sē lēbererä' ōō'nä kä'merä. — *Tomorrow/On* ... there will be a room available.

How much will it cost ...	**Quanto costa ...** kōō·än'tō kō'stä ...
with/without breakfast?	***con/senza* la prima colazione?** *kōn/sen'tsä* lä prē'mä kōlätsyō'ne?

with half board/full board included?	**a *mezza pensione/pensione completa*?** ä *me'tsä pensyō'ne/ pensyō'ne kōmple'tä*?
Is there a discount for children?	**C'è una riduzione per i bambini?** tshē ōō'nä rēdōōtsyō'ne per ē bämbē'nē?
May I have a look at the room?	**Posso vedere la camera?** pō'sō vede're lä kä'merä?
Do you have a … room?	**Avete una camera …** äve'te ōō'nä kä'merä …
less expensive	**più economica?** pyōō ekōnō'mēkä?
larger	**più grande?** pyōō grän'de?
quieter	**più tranquilla?** pyōō tränkōō·ē'lä?
It's very nice. I'll take it.	**È molto bella, la prendo.** e mōl'tō be'lä, lä pren'dō.

? **Ha dei bagagli?** ä de'ē bägä'lyē? Do you have any luggage?

Can you have a crib put in the room?	**Si può aggiungere un lettino per bambini?** sē pōō·ō' äjōōn'jere ōōn letē'nō per bämbē'nē?
Where are the showers?	**Dove sono le docce?** dō've sō'nō le dō'tshe?
Where can I park my car?	**Dove posso mettere la macchina?** dō've pō'sō met'ere lä mä'kēnä?

2

Where is the *dining/breakfast* room?	**Dov'è la sala *da pranzo/della prima colazione*?** dōve' lä sä'lä *dä prän'tsō/de'lä prē'mä kōlätsyō'ne*?
Can I have breakfast in my room?	**È possibile fare colazione in camera?** e pōsē'bēle fä're kōlätsyō'ne ēn kä'merä?
Can I give you my valuables for safe-keeping?	**Le posso lasciare in custodia i miei oggetti di valore?** le pō'sō läshä're ēn kōōstō'dyä ē mye'ē ōje'tē dē välō're?
I'd like to pick up my valuables.	**Vorrei ritirare i miei oggetti di valore.** vōre'ē rētērä're ē mye'ē ōje'tē dē välō're.
Can you exchange money for me?	**Mi potete cambiare dei soldi?** mē pōte'te kämbyä're de'ē sōl'dē?
I'd like the key to room ...	**La chiave della camera ..., per favore.** lä kyä've de'lä kä'merä ..., per fävō're.
Can I make a call to America (from my room)?	**Posso chiamare in America (dal telefono in camera)?** pō'sō kyämä're ēn äme'rēkä (däl tele'fōnō ēn kä'merä)?
Is there any mail/Are there any messages for me?	**C'è *posta/un messaggio* per me?** tshe *pō'stä/ōōn mesä'jō* per me?
I'd like a wakeup call at ... o'clock (tomorrow morning), please.	**Per favore, mi svegli (domani mattina) alle ...** per fävō're, mē sve'lyē (dōmä'nē mätē'nä) ä'le ...

We're leaving tomorrow.

Partiamo domattina.
pärtyä/mō dōmätē'nä.

Would you please prepare my bill?

Prepari il conto, per favore.
prepä'rē ēl kōn'tō, per fävō're.

I/We really liked it here.

È stato davvero piacevole qui.
e stä'tō däve'rō pyätshe'vōle kōō·ē'.

May I leave my luggage here until... o'clock?

Posso lasciare qui i miei bagagli fino alle ...? pō'sō läshä're kōō·ē' ē mye'ē bägä'lyē fē'nō ä'le ...?

Would you call a taxi for me, please?

Mi chiama un taxi, per favore?
mē kyä'mä ōōn tä'ksē, per fävō're?

Vacation Rental

We have rented the apartment ...

Abbiamo preso in affitto l'appartamento ... äbyä'mō pre'sō ēn äfē'tō läpärtämen'tō ...

Where can we pick up the keys to the apartment?

Dove possiamo ritirare le chiavi dell'appartamento? dō've pōsyä'mō rētērä're le kyä'vē deläpärtämen'tō?

Could you please explain how the ... works?

Per favore, ci potrebbe spiegare come funziona ... per fävō're, tshē pōtre'be spyegä're kō'me fōōntsyō'nä ...

stove

la cucina elettrica?
lä kōōtshē'nä ele'trēkä?

dishwasher

la lavastoviglie? lä lävästōvē'lye?

2

washing machine	**la lavatrice?** lä lävätrē'tshe?
Where do we put the trash?	**Dove si getta la spazzatura?** dō've sē je'tä lä spätsätōō'rä?
Where is the fuse box?	**Dove sono le valvole?** dō've sō'nō le väl'vōle?
Where is the meter?	**Dov'è il contatore?** dōve' ēl kōntätō're?
Where can I make a phone call?	**C'è un telefono qui?** tshe ōōn tele'fōnō kōō·ē'?
Can you please tell us where ... is?	**Ci saprebbe dire dov'è ...** tshē säpre'be dē're dōve' ...
a bakery	**una panetteria?** ōō'nä päneterē'ä?
the nearest bus stop	**la fermata dell'autobus più vicina?** lä fermä'tä delou'tōbōōs pyōō vētshē'nä?
a butcher	**una macelleria?** ōō'nä mätshelerē'ä?
a grocery store	**un negozio di alimentari?** ōōn negō'tsyō dē älēmentä'rē?

Complaints

➡ *see also Please; Thank you (p. 24)*

The *shower/heating* doesn't work.	***La doccia/Il riscaldamento* non funziona.** *lä dō'tshä/ēl rēskäldämen'tō* nōn fōōntsyō'nä.

The toilet doesn't flush.	**Lo sciacquone non funziona.** lō shäkōō·ō'ne nōn fōōntsyō'nä.
The window doesn't *open/close*.	**La finestra non si *apre/chiude*.** lä fēne'strä nōn sē ä'pre/kyōō'de.
Could I please have ...	**Per favore, potrei avere ancora ...** per fävō're, pōtre'ē äve're änkō'rä ...
another blanket?	**una coperta?** ōō'nä kōper'tä?
some more dish towels?	**degli strofinacci da cucina?** de'lyē strōfēnä'tshē dä kōōtshē'nä?
another towel?	**un asciugamano?** ōōn äshōōgämä'nō?
a few more clothes hangers?	**un paio di attaccapanni?** ōōn pä'yō dē ätäkäpä'nē?
The light doesn't work.	**La luce non funziona.** La lōō'tshe nōn fōōntsyō'nä.
There's no (hot) water.	**Non c'è acqua (calda).** nōn tshe ä'kōō·ä (käl'dä).
The drain/The toilet is stopped up.	***Il tubo di scarico/Il gabinetto* è intasato.** *ēl tōō'bō dē skä'rēkō/ēl gäbēne'tō* e ēntäsä'tō.

Hotel and Vacation Rental

adapter	**il riduttore.** ēl rēdōōtō're
additional costs	**le spese di mantenimento** le spe'se dē mäntenēmen'tō
apartment	**l'appartamento** läpärtämen'tō
ashtray	**il posacenere** ēl pōsätshe'nere

balcony	**il balcone** ēl bälkō'ne
bathroom	**il bagno** ēl bä'nyō
bathtub	**la vasca da bagno** lä väs'kä dä bä'nyō
beach umbrella	**l'ombrellone** *m* lōmbrelō'ne
bed	**il letto** ēl le'tō
-side lamp	**la lampada del comodino** lä läm'pädä del kōmōdē'nō
bedspread	**il copriletto** ēl kōprēle'tō
bill	**il conto** ēl kōn'tō
blanket	**la coperta di lana** lä kōper'tä dē lä'nä
breakfast	**la colazione** lä kōlätsyō'ne
– buffet	**il buffet della colazione** ēl bōōfe' de'lä kōlätsyō'ne
broken	**rotto** rō'tō
broom	**la scopa** lä skō'pä
cabin	**il bungalow** ēl bōōn'gälō
chair	**la sedia** lä se'dyä
cleaning products	**il detersivo** ēl detersē'vō
closet	**l'armadietto** lärmädye'tō
complaint	**il reclamo** ēl reklä'mō
crib	**il lettino (per bambini)** ēl letē'nō (per bämbē'nē)
cup	**la tazza** lä tä'tsä
departure	**la partenza** lä pärten'tsä
dining room	**la sala da pranzo** lä sä'lä dä prän'tsō
dinner	**la cena** lä tshe'nä
dirty	**sporco** spōr'kō
dishes	**i piatti** ē pyä'tē
dishwasher	**la lavastoviglie** lä lävästōvē'lye

door	**la porta** lä pōr'tä
– lock	**la serratura** lä serätōō'rä
double room	**la camera doppia** lä kä'merä dō'pyä
electricity	**la corrente** lä kōren'te
elevator	**l'ascensore** *m* läshensō're
fan	**il ventilatore** ēl ventēlätō're
faucet	**il rubinetto (dell'acqua)** ēl rōōbēne'tō (delä'kōō·ä)
final cleaning	**la pulizia finale** lä pōōlētsē'ä fēnä'le
first floor	**il pianterreno** ēl pyäntere'nō
floor *(story)*	**il piano** ēl pyä'nō
flush	**lo sciacquone** lō shäkōō·ō'ne
full room and board	**la pensione completa** lä pensyō'ne kōmple'tä
fuse	**la valvola di sicurezza** lä väl'vōlä dē sēkōōre'tsä
gas cylinder	**la bombola del gas** lä bōm'bōlä del gäs
glass	**il bicchiere** ēl bēkye're
half room and board	**la mezza pensione** lä me'tsä pensyō'ne
high season	**l'alta stagione** läl'tä stäjō'ne
hotel	**l'hotel** *m*, **l'albergo** lōtel', lälber'gō
house	**la casa** lä kä'sä
key	**la chiave** lä kyä've
lamp	**la lampada** lä läm'pädä
light	**la luce** lä lōō'tshe
– bulb	**la lampadina** lä lämpädē'nä
– switch	**l'interruttore** *m* lēnterōōtō're

2

linens	**la biancheria da letto** lä byänkerē'ä dä le'tō
lost	**perso** per'sō
low season	**la fine stagione** lä fē'ne stäjō'ne
luggage	**i bagagli** ē bägä'lye
lunch	**il pranzo** ēl prän'tsō
maid	**la cameriera** lä kämerye'rä
mattress	**il materasso** ēl mäterä'sō
mirror	**lo specchio** lō spe'kyō
mosquito net	**la zanzariera** lä dzändzärye'rä
outlet	**la presa di corrente** lä pre'sä dē kōren'te
overnight stay	**il pernottamento** ēl pernōtämen'tō
pillow	**il cuscino** ēl kōōshē'nō
plate	**il piatto** ēl pyä'tō
plug	**la spina** lä spē'nä
pool	**la piscina** lä pēshē'nä
pre-season	**l'inizio stagione** *f* lēnē'tsyō stäjō'ne
reception	**la reception** lä rēsep'shōn
refrigerator	**il frigorifero** ēl frēgōrē'ferō
registration	**la registrazione** lä rejēsträtsyō'ne
rent	**l'affitto** läfē'tō
to rent	**prendere in affitto** pren'dere ēn äfē'tō
to reserve	**prenotare** prenōtä're
reserved	**prenotato** prenōtä'tō
room	**la camera** lä kä'merä
safe	**la cassaforte** lä käsäfōr'te
sheet	**il lenzuolo** ēl lentsōō·ō'lō
shower	**la doccia** lä dō'tshä

single room	**la camera singola** lä kä'merä sēn'gōlä
sink	**il lavandino** ēl lävändē'no
stairs	**la scala** lä skä'lä
table	**il tavolo** ēl tä'vōlō
tax on visitors	**la tassa di soggiorno** lä tä'sä dē sōjōr'nō
telephone	**il telefono** ēl tele'fōnō
terrace	**la terrazza** lä terä'tsä
toilet	**il gabinetto** ēl gäbēne'tō
– paper	**la carta igienica** lä kär'tä ēje'nēkä
towel	**l'asciugamano** läshōōgämä'nō
trash container	**il bidone della spazzatura** ēl bēdō'ne de'lä spätsätōō'rä
trash can	**il secchio della spazzatura** ēl se'kyō de'lä spätsätōō'rä
TV room	**la sala della televisione** lä sä'lä de'lä televēzyō'ne
voltage	**il voltaggio** ēl vōltä'jo
to wake	**svegliare** svelyä're
water	**l'acqua** lä'kōō·ä
cold –	**l'acqua fredda** lä'kōō·ä fre'dä
hot –	**l'acqua calda** lä'kōō·ä käl'dä
window	**la finestra** lä fēne'strä
to work *(function)*	**funzionare** fōōntsyōnä're

2

YOUTH HOSTEL, CAMPING

Youth Hostel

Is there any room available?	**C'è ancora un posto libero?** tshe änkō'rä ōōn pō'stō lē'berō?
I would like to stay for *one night/... nights.*	**Vorrei rimanere per *una notte/... notti.*** vōre'ē rēmäne're per *ōō'nä nō'te/... nō'tē.*
How much will it cost for one night (per person)?	**Quanto costa il pernottamento (a persona)?** kōō·än'tō kō'stä ēl pernōtämen'tō (ä persō'nä)?
Do you also have double rooms?	**Avete anche delle camere doppie?** äve'te än'ke de'le kä'mere dō'pye?
Is breakfast included?	**È compresa la prima colazione?** e kōmpre'sä lä prē'mä kōlätsyō'ne?
How much does ... cost?	**Quanto costa ...** kōō·än'tō kō'stä ...
breakfast	**la prima colazione?** lä prē'mä kōlätsyō'ne?
lunch	**il pranzo?** ēl prän'tsō?
dinner	**la cena?** lä tshe'nä?
Where is the dining room?	**Dov'è la sala da pranzo?** dōve' lä sä'lä dä prän'tsō
When are the meals served?	**A che ora si mangia?** ä ke ō'rä sē män'jä?

Where can I buy something *to eat/ to drink*?

Dov'è che si può comprare qualcosa da *mangiare/bere*? dōve' ke sē pōō·ō' kōmprä're kōō·älkō'sä dä *mänjä're/be're*?

Where are the bathrooms?

Dove sono i bagni? dō've sō'nō ē bä'nyē?

Where are the restrooms?

Dove sono i gabinetti? dō've sō'nō ē gäbēne'tē?

Can I do some laundry here?

Si può lavare la propria biancheria qui? sē pōō·ō' lävä're lä prō'prē·ä byänkerē'ä kōō·ē'?

Do you have any lockers?

Ci sono delle cassette di sicurezza? tshē sō'nō de'le käse'te dē sēkōōre'tsä?

When do I have to be back by?

Fino a che ora si può rientrare la sera? fē'nō ä ke ō'rä sē pōō·ō' rē·enträ're lä se'rä?

How can I get to the middle of town?

Come si arriva in centro? kō'me sē ärē'vä ēn tshen'trō?

Where's the nearest bus stop?

Dov'è la fermata dell'autobus più vicina? dōve' lä fermä'tä delou'tōbōōs pyōō vētshē'nä?

Camping

May we camp on your property?

Possiamo campeggiare sul vostro terreno? pōsyä'mō kämpejä're sōōl vōs'trō tere'nō?

2

Do you still have room for ...?	**Ci sono ancora posti per ...?** tshē sō'nō änkō'rä pō'stē per ...?
What is the charge for ...	**Quanto si paga per ...** kōō·än'tō sē pä'gä per ...
... adults and ... children?	**... adulti e ... bambini?** ... ädōōl'tē e ... bämbē'nē?
a car with a trailer?	**una macchina con roulotte?** ōō'nä mä'kēnä kōn rōōlōt'?
a camping van?	**un camper?** ōōn käm'per?
a tent?	**una tenda?** ōō'nä ten'dä?
Do you also rent *cabins/camping trailers*?	**Affittate anche *bungalows/roulotte*?** äfētä'te än'ke *bōōn'gälōs/rōōlōt'*?
We'd like a place in the shade.	**Vorremmo un posto all'ombra.** vōre'mō ōōn pō'stō älōm'brä.
We'd like to stay for one *night/... nights*.	**Vorremmo rimanere per *una notte/ ... notti*.** vōre'mō rēmäne're per *ōō'nä nō'te/... nō'tē*.
Where can we *pitch our tent/park our van*?	**Dove possiamo *piantare la tenda/ parcheggiare la roulotte*?** dō've pōsyä'mō *pyäntä're lä ten'dä/pärkejä're lä rōōlōt*?
Where are the bathrooms?	**Dove sono i bagni?** dō've sō'nō ē bä'nyē?

Where are the rest rooms?	**Dove sono i gabinetti?** dō've sō'nō ē gäbēne'tē?
Is there a power outlet here?	**C'è una presa di corrente qui?** tshe ōō'nä pre'sä dē kōren'te kōō·ē'?
Where can I …	**Dove si può …** dō've sē pōō·ō' …
empty the chemical waste from the toilet?	**svuotare il WC chimico?** svōō·ōtä're ēl vōō-tshē' kē'mēkō?
empty sewage water?	**versare l'acqua di scarico?** versä're lä'kōō·ä dē skä'rēko?
fill the tank with fresh water?	**fare rifornimento di acqua?** fä're rēfōrnēmen'tō dē ä'kōō·ä?
Does the hot shower cost extra?	**Bisogna pagare extra per la doccia calda?** bēzō'nyä pägä're ek'strä per lä dō'tshä käl'dä?
Is there a grocery store here?	**C'è un negozio di alimentari qui?** tshe ōōn negō'tsyō dē älēmentä'rē kōō·ē'?
Can I *rent/exchange* gas cylinders here?	**Dove si *comprano/cambiano* le bombole del gas qui?** dō've sē *kōm'pränō/käm'byänō* le bōm'bōle del gäs kōō·ē'?
May I borrow a(n) …, please?	**Per favore, mi potrebbe prestare …?** per fävō're, mē pōtre'be prestä're …?

2

air mattress	**il materassino gonfiabile** ēl mäteräsē'nō gōnfyä'bēle
bathrooms	**i bagni** ē bä'nyē
bed linens	**la biancheria (da letto)** lä byänkerē'ä (dä le'tō)
breakfast	**la prima colazione** lä prē'mä kōlätsyō'ne
cabin	**il bungalow** ēl bōōn·gälō
to camp, to go camping	**campeggiare** kämpejä're
camping	**il campeggio** ēl kämpe'jō
– permit	**la tessera di campeggio** lä te'serä dē kämpe'jō
– trailer	**la roulotte** lä rōōlōt'
– van	**il camper** ēl käm'per
campsite	**il campeggio** ēl kämpe'jō
candle	**la candela** lä kän'delä
check-in	**la registrazione** lä rejēsträtsyō'ne
chemical toilet *(in a van)*	**il WC chimico** ēl vōō-tshē' kē'mēkō
communal room	**la sala di soggiorno** lä sä'lä dē sōjōr'nō
to cook	**cucinare** kōōtshēnä're
detergent	**il detersivo** ēl detersē'vō
dining room	**la sala da pranzo** lä sä'lä dä prän'tsō
dinner	**la cena** lä tshe'nä
dormitory	**il dormitorio** ēl dōrmētōr'yō
double room	**la camera doppia** lä kä'merä dō'pyä

drier *(clothes)*	**l'asciugabiancheria** läshōōgäbyänkerē'ä
drinking water	**l'acqua potabile** lä'kōō·ä potä'bēle
electricity	**la corrente** lä kōren'te
to fill (up)	**riempire** rē·empē're
foam (insulation) mat	**la stuoia isolante** lä stōō·ō'yä ēsōlän'te
gas canister	**la cartuccia del gas** lä kärtōō'tshä del gäs
gas cylinder	**la bombola del gas** lä bōm'bōlä del gäs
gas lantern	**la lampada a gas** lä läm'pädä ä gäs
group of kids	**il gruppo giovanile** ēl grōō'pō jōvänē'le
hammer	**il martello** ēl märte'lō
hostel father	**il papà albergatore** ēl päpä' älbergätō're
hostel mother	**la mamma albergatrice** lä mä'mä älbergätrē'tshe
to iron	**stirare** stērä're
locker	**la cassetta di sicurezza** lä käse'tä dē sēkōōre'tsä
lunch	**il pranzo** ēl prän'tsō
membership card	**la tessera di membro** lä te'serä dē mem'brō
mosquito net	**la zanzariera** lä dzändzärēe'ra
mosquito repellant	**il fornellino antizanzare** ēl fōrnelē'nō äntēdzän'dzäre
outlet	**la presa di corrente** lä pre'sä dē kōren'te
overnight stay	**il pernottamento** ēl pernōtämen'tō
to set up	**piantare** pyäntä're
plates	**i piatti** ē pyä'tē

2

playground	**il campo da gioco** ēl käm'pō dä jō'kō
plug	**la spina** lä spē'nä
pot	**la pentola** lä pen'tōlä
to rent	**noleggiare** nōlejä're
rental fee	**la tariffa di noleggio** lä tärē'fä dē nōle'jō
room	**la camera** lä kä'merä
shower	**la doccia** lä dō'tshä
to take a shower	**fare la doccia** fä're lä dō'tshä
site	**il posto** ēl pō'stō
sleeping bag	**il sacco a pelo** ēl sä'kō ä pe'lō
stove *(camping)*	**il fornello** ēl fōrne'lō
tent	**la tenda** lä ten'dä
– peg	**il picchetto** ēl pēke'tō
toilet	**il gabinetto** ēl gäbēne'tō
usage fee	**la tariffa per l'uso** lä tärē'fä per lōō'zō
to wash	**lavare** lävä're
washing machine	**la lavatrice** lä lävätrē'tshe
water canister	**la tanica per l'acqua** lä tä'nēkä per lä'kōō·ä
youth hostel	**l'ostello della gioventù** lōste'lō de'lä jōventōō'
youth hostel card	**la tessera per gli ostelli della gioventù** lä te'serä per lyē ōste'lē de'lä jōventōō'

On the Way

ASKING THE WAY

Excuse me, where is ...?	**Scusi, dov'è ...?** skōō'zē, dōve' ...
How can I get to ...?	**Come si arriva a ...?** kō'me sē ärē'vä ä ...?
What's the *quickest/ cheapest* way to get to the ...	**Come si arriva nel modo più *veloce/ economico* ...** kō'me sē ärē'vä nel mō'dō pyōō *velō'tshe/ekōnō'mēkō* ...
train station?	**alla stazione?** ä'lä stätsyō'ne?
bus station?	**alla stazione dei pullman?** ä'lä stätsyō'ne de'ē pōōl'män?
airport?	**all'aeroporto?** älä·erōpōr'tō?
harbor?	**al porto?** äl pōr'tō?

! **Il modo migliore è con il taxi.** ēl mō'dō mēlyō're e kōn ēl tä'ksē. — The best thing to do is take a taxi.

How do I get to the interstate highway?	**Come si arriva all'autostrada?** kō'me sē ärē'vä äloutōsträ'dä?

! **Mi dispiace, non lo so.** mē dēspyä'tshe, nōn lō sō. — I'm afraid I don't know.

! **Là.** lä. — Over there.

! **Indietro.** ēndye'trō. — Go back.

! **Sempre diritto.** sem'pre dērē'tō. — Straight ahead.

A destra. ä de'strä.	To the right.
A sinistra. ä sēnē'strä.	To the left.
La *prima/seconda* strada a *sinistra/destra.* lä *prē'mä/sekōn'dä* strä'dä ä *sēnē'strä/de'strä.*	The *first/second* street to the *left/ right*.
Al semaforo. äl semä'fōrō.	At the traffic lights.
Dopo l'incrocio. dō'pō lēnkrō'tshō.	After the intersection.
Attraversi ... äträver'sē ...	Cross ...
il ponte! ēl pōn'te.	the bridge.
la piazza! lä pyä'tsä.	the square.
la strada! lä strä'dä.	the street.
Poi chieda a qualcun altro. poi kye'dä ä kōō·älkōōn' äl'trō.	Then ask again.
Può prendere ... pōō·ō' pren'dere ...	You can take ...
l'autobus. lou'tōbōōs	the bus.
il tram. ēl träm.	the streetcar.
la metropolitana. lä metrōpōlētä'nä	the subway.

Is this the road to ...? **È questa la strada per ...?**
e kōō·e'stä lä strä'dä per ...?

3

How far is it? **Quant'è lontano?** kōō·änte' lōntä'nō?

! **Abbastanza lontano.** äbästän'tsä lōntä'nō. Pretty far.

! **Non è lontano.** nōn e lōntä'nō. Not (very) far.

! **È qui vicino.** e kōō·ē vētshē'nō. It's very close.

How many minutes *on foot/by car*? **Quanti minuti ci vogliono *a piedi/con la macchina*?** kōō·än'tē mēnōō'tē tshē vō-lyō'nō *ä pye'dē/kōn lä mä/kēnä*?

Could you show me on the map? **Me lo può indicare sulla cartina, per favore?** me lō pōō·ō' ēndēkä're sōō'lä kärtē'nä, per fävō're?

AT THE BORDER

Passport Control

! **I (Suoi) documenti, per favore.** ē (sōō·oi') dōkōōmen'tē, per fävō're. May I see your documents, please?

! **Il Suo passaporto, per favore.** ēl sōō'ō päsäpōr'tō, per fävō're. May I see your passport, please?

! **Il Suo passaporto è scaduto.** ēl sōō'ō päsäpōr'tō e skädōō'tō. Your passport is expired.

I'm with the ... group.	**Faccio parte della comitiva ...** fä'tshō pär'te de'lä kōmētē'vä ...

Customs

? **Ha qualcosa da dichiarare?** ä kōō·älkō'sä dä dēkyärä're?	Do you have anything to declare?
! **Apra *il portabagagli/la valigia*, per favore.** ä'prä *ēl pōrtäbägä'lyē/ lä välē'jä*, per fävō're.	Open the *trunk/ suitcase*, please.
! **Deve sdoganare questo.** de've zdōgänä're kōō·e'stō.	You have to declare that.

At the Border

bill	**la fattura** lä fätōō'rä
border	**la frontiera** lä frōntye'rä
car registration	**i documenti dell'autoveicolo** e dōkōōmen'tē deloutōve·ē'kōlō
country identification sticker	**la targa di nazionalità** lä tär'gä dē nätsyōnälētä'
customs	**la dogana** lä dōgä'nä
– declaration	**la dichiarazione doganale** lä dēkyärätsyō'ne dōgänä'le
date	**la data** lä dä'tä
documents	**i documenti** ē dōkōōmen'tē
driver's license	**la patente (di guida)** lä päten'te (dē gōō·ē'dä)
expired	**scaduto** skädōō'tō

3

first name	**il nome** ēl nō'me
identity	**la carta d'identità** lä kär'tä dēdentētä'
invalid	**non valido** nōn vä'lēdō
last name	**il cognome** ēl kōnyō'me
nationality	**la nazionalità** lä nätsyōnälētä'
passport	**il passaporto** ēl päsäpōr'tō
– control	**il controllo dei passaporti** ēl kōntrō'lō de'ē päsäpōr'tē
residence *(permanent)*	**la residenza** lä rezēden'tsä
residence *(temporary)*	**il domicilio** ēl dōmētshē'lyō
to renew	**prolungare** prōlōōn·gä're
travel group	**la comitiva turistica** lä kōmētē'vä tōōrē'stēkä
VAT	**l'IVA (imposta sul valore aggiunto)** lēvä' (ēmpō'stä sōōl vabove're äjōōn'tō)

LUGGAGE

May I *leave/pick up* my luggage here?	**Vorrei *depositare/ritirare* i miei bagagli.** vōre'ē *depōsētä're/rētērä're* ē mye'ē bägä'lyē.
May I leave my backpack with you *for an hour/until* ...?	**Potrei lasciare qui il mio zaino *per un'ora/fino a* ...?** pōtre'ē läshä're kōō·ē' ēl mē'ō dzī'nō *per ōōnō'rä/fē'nō ä* ...?
I'd like to have these bags sent to ...	**Vorrei spedire questo bagaglio per ...** vōre'ē spedē're kōō·e'stō bägä'lyō per ...
When will they be at ...?	**Quando arriverà a ... ?** kōō·än'dō ärēverä' ä ...?
My luggage hasn't arrived (yet).	**I miei bagagli non sono (ancora) arrivati.** ē mye'ē bägä'lyē nōn sō'nō (änkō'rä) ärēvä'tē.
Where is my luggage?	**Dove sono i miei bagagli?** dō've sō'nō ē mye'ē bägä'lyē?
Those aren't my things.	**Queste non sono le mie cose.** kōō·e'ste nōn sō'nō le mē'e kō'se.
A suitcase is missing.	**Manca una valigia.** män'kä ōō'nä välē'jä.
My luggage has been damaged.	**La mia valigia è stata danneggiata.** lä mē'ä välē'jä e stä'tä dänejä'tä.
Who can I report it to?	**A chi mi posso rivolgere?** ä kē mē pō'sō rēvōl'jere?

3

Baggage

backpack	**lo zaino** lō dzī'nō
bag	**la borsa** lä bōr'sä
baggage	**il bagaglio** ēl bägä'lyō
– check-in	**l'accettazione *f* bagagli** lätshetätsyō'ne bägä'lyē
– claim	**la riconsegna bagagli** lä rēkōnse'nyä bägä'lyē
– storage	**il deposito bagagli** ēl depō'sētō bägä'lyē
– ticket	**lo scontrino dei bagagli** lō skōntrē'nō de'ē bägä'lyē
carry-on baggage	**il bagaglio a mano** ēl bägä'lyō ä mä'nō
to check in *(baggage)*	**depositare** depōsētä're
excess baggage	**l'eccesso di bagaglio** letshe'sō dē bägä'lyo
flight bag	**la borsa da viaggio** lä bōr'sä dä vyä'jō
to leave here	**lasciare qui** läshä're kōō·ē'
locker	**il deposito bagagli a cassette** ēl depō'sētō bägä'lyē ä käse'te
to pick up	**ritirare** rētērä're
suitcase	**la valigia** lä välē'jä

PLANE

Information and Booking

Where is the ... counter?	**Dov'è lo sportello della ... ?** dōve' lō spōrte'lō de'lä ...?
When is the next flight to ...?	**Quando parte il prossimo aereo per ...?** kōō·än'dō pär'te ēl prō'sēmō ä·e're·ō per ...?
When will a plane be flying to ... *today/ tomorrow*?	**Quando parte *oggi/domani* un aereo per ... ?** kōō·än'dō pär'te *ō'jē/dōmä'nē* ōōn ä·e're·ō per ...?
When will we be in ...?	**Quando arriviamo a ... ?** kōō·än'dō ärēvyä'mō ä ...?
How much will it cost to fly to ... (round-trip)?	**Quanto costa un volo (di andata e ritorno) per ... ?** kōō·än'tō kō'stä ōōn vō'lō (dē ändä'tä e rētōr'nō) per ...?
I'd like a ... ticket to ..., please.	**Un biglietto per ..., per favore, ...** ōōn bēlye'tō per ..., per fävō're.
one-way.	**di sola andata.** dē sō'lä ändä'tä.
round-trip.	**di andata e ritorno.** dē ändä'tä e rētōr'nō.
economy class.	**di classe turistica.** dē klä'se tōōrē'stēkä.
business class.	**di business class.** dē bēz'nes kläs.
first-class.	**di prima classe.** dē prē'mä klä'se.

3

Purtroppo su questo volo non ci sono più posti. pōōrtrō'pō sōō kōō·e'stō vō'lō nōn tshē sō'nō pyōō pō'stē.	I'm afraid this flight is booked out.
Are there any *special rates/stand-by seats* available?	**Ci sono *tariffe speciali/posti stand-by*?** tshē sō'nō *tärē'fe spetsh·ä'lē/pō'stē ständ'bī*?
I'd like ...	**Vorrei un posto ...** vōre'ē ōōn pō'stō ...
a window seat.	**accanto al finestrino.** äkän'tō äl fēnestrē'nō.
an aisle seat.	**accanto al corridoio.** äkän'tō äl kōrēdoi'ō.
a seat in non-smoking.	**per non fumatori.** per nōn fōōmätō'rē.
a seat in smoking.	**per fumatori.** per fōōmätō'rē.
Where is Gate B?	**Dov'è l'uscita B?** dōve' lōōshē'tä bē?
How late is the flight to ... ?	**Quanto ritardo ha l'aereo per ...?** kōō·än'tō rētär'dō ä lä·e're·ō per ...?
I'd like to *confirm/cancel* my flight.	**Vorrei *confermare/annullare* questo volo.** vōre'ē kōnfermä're/änōōlä're kōō·e'stō vō'lō.
I'd like to change my flight.	**Vorrei cambiare la data del biglietto.** vōre'ē kämbyä're lä dä'tä del bēlyē'tō.

On the Plane

Could I have *(another/some more)* ..., please?	**Per favore, potrei avere (ancora) ... ?** per fävō're, pōtre'ē äve're (änkō'rä) ...?
I feel sick.	**Mi sento male.** mē sen'tō mä'le.
When do we land?	**Quando atterriamo?** kōō·än'dō äteryä'mō?

Plane

airline	**la compagnia aerea** lä kōmpänyē'ä ä·e're·ä
airplane	**l'aereo** lä·e're·ō
airport	**l'aeroporto** lä·erōpōr'tō
– tax	**la tassa aeroportuale** lä tä'sä ä·erōpōrtōō·ä'le
airsickness	**il mal d'aria** ēl mäl d'ä'ryä
arrival	**l'arrivo** lärē'vō
to book	**prenotare** prenōtä're
to cancel	**annullare** änōōlä're
to change a flight	**cambiare la data del biglietto** kämbyä're lä dä'tä del bēlye'tō
charter flight	**il volo charter** ēl vō'lō tshär'ter
class	**la classe** lä klä'se
to confirm	**confermare** kōnfermä're
counter	**lo sportello** lō spōrte'lō
delay	**il ritardo** ēl rētär'dō
departure	**il decollo** ēl dekō'lō

exit	**l'uscita** lōōshē'tä
flight	**il volo** ēl vō'lō
– attendant *(female)*	**l'hostess** ***f*** lōs'tes
– attendant *(male)*	**lo steward** ***m*** lō styōō'ärd
return –	**il volo di ritorno** ēl vō'lō dē rētōr'nō
scheduled –	**il volo di linea** ēl vō'lō dē lē'ne·ä
to fly	**andare in aereo** ändä're ēn ä·e're·ō
hand baggage	**il bagaglio a mano** ēl bägä'lyō ä mä'nō
information desk	**l'ufficio informazioni** lōōfē'tshō ēnfōrmätsyō'nē
to land	**atterrare** äterä're
local time	**l'ora locale** lō'rä lōkä'le
nonsmoker	**non fumatori** ***m/pl*** nōn fōōmätō'rē
smoker	**fumatori** ***m/pl*** fōōmätō'rē
stopover	**lo scalo** lō skä'lō
to take off	**decollare** dekōlä're
ticket	**il biglietto** ēl bēlye'tō

RAIL

Information and Tickets

Where is the *train/ tourist* information office?	**Dov'è l'ufficio** ***informazioni/turistico*****?** dōve' lōōfē'tshō *ēnfōrmätsyō'nē/ tōōrē'stēkō*?
Where can I find the *baggage storage/ lockers*?	**Dov'è il** ***deposito bagagli/deposito bagagli a cassette*****?** dōve' ēl *depō'sētō bägä'lyē/depō'sētō bägä'lyē ä käse'te*?

INFO It is more common to travel by train in Italy than in the United States. A normal second-class ticket does not include a seat reservation; you may choose from whichever seats are not taken. You have a choice of trains between the **rapidi** rä'pēdē (express trains that stop only at cities) and the **espressi** espre'sē (local trains that stop more frequently). Recently a third option has been added: the **treni ad alta velocità** tre'nē äd äl'tä velōtshētä' (high-speed trains), for which you must pay extra and are required to reserve a seat. Some of these trains only have first-class cars. No matter which train you take, it would be a good idea to reserve a seat since the trains are often very full. You can make your reservations up to an hour before departure.

When is the *next/last* train to ...?	**Quando parte *il prossimo/l'ultimo* treno per ...?** kōō·än'dō pär'te *ēl prō'sēmō/ lōōl'tēmō* tre'nō per ...?
When will it arrive in ...?	**Quando arriva a ...?** kōō·än'dō ärē'vä ä ...?
When are the trains to ...?	**Che treni ci sono per ...?** ke tre'nē tshē sō'nō per ...?
Do I have to change trains?	**Devo cambiare?** de'vō kämbyä're?
Which platform does the train to ... leave from?	**Da quale binario parte il treno per ...?** dä kōō·ä'le bēnär'yō pär'te ēl tre'nō per ...?

How much does a ticket to ... cost?

Quanto costa il biglietto per ... ?
kōō·än'tō kō'stä ēl bēlye'tō per ...?

Are there special rates for ...?

C'è una riduzione per ...?
tshe ōō'nä rēdōōtsēō'ne per ...?

Do you have to pay extra for this train?

Per questo treno ci vuole il supplemento? per kōō·e'stō tre'nō tshē vōō·ō'le ēl sōōplemen'tō?

I'd like *a ... ticket/ two ... tickets* to ..., please.

***Un biglietto/Due biglietti* per ..., per favore, ...** *ōōn bēlye'tō/dōō'e bēlye'tē* per ..., per fävō're, ...

one-way

di sola andata. dē sō'lä ändä'tä.

round-trip

di andata e ritorno. dē ändä'tä e rētōr'nō.

first/second class

di *prima/seconda* classe. dē *prē'mä/sekōn'dä* klä'se.

for children.

per bambini. per bämbē'nē.

INFO If you have a round-trip ticket, you must get it stamped before you begin the return portion of your trip. There are special machines at the train station for this purpose.

I'd like to reserve a seat on the ... o'clock train to ..., please.

Vorrei prenotare un posto sul treno delle ... per ..., per favore. vōre'ē prenōtä're ōōn pō'stō sōōl tre'nō de'le ... per ..., per fävo're.

I'd like a seat ...	**Vorrei un posto ...** vōre'ē ōōn pō'stō ...
by the window.	**accanto al finestrino.** äkän'tō äl fēnestrē'nō.
in nonsmoking.	**per non fumatori.** per nōn fōōmätō'rē.
in smoking.	**per fumatori.** per fōōmätō'rē.
I'd like to bring a bicycle with me.	**Vorrei portarmi dietro la bicicletta.** vōre'ē pōrtär'mē dye'trō lä bētshēkle'tä.

Information

Accettazione bagagli ätshetätsyō'ne bägä'lyē	Baggage Check-In
Ai binari ī bēnä'rē	To All Trains
Binario bēnär'yō	Track
Deposito bagagli depō'sēto bägä'lyē	Baggage Storage
Deposito bagagli a cassette depō'sētō bägä'lyē ä käse'te	Lockers
Gabinetti gäbēne'tē	Rest Rooms
Informazioni ēnfōrmätsyō'nē	Information
Ristorante rēstōrän'te	Restaurant
Sala d'aspetto sä'lä däspe'tō	Waiting Room
Uscita ōōshē'tä	Exit

On the Train

May I sit here?	**È libero questo posto?** e lē'berō kōō·e'stō pō'stō?
Excuse me, but I believe this is my seat.	**Scusi, ma questo è il mio posto.** skōō'zē, mä kōō·e'stō e ēl mē'ō pō'stō.
Would you mind if I *opened/closed* the window?	**Posso *aprire/chiudere* il finestrino?** pō'sō *äprē're/kyōō'dere* ēl fēnestrē'nō?

! **I biglietti, prego!** ē bēlye'tē, pre'gō! Tickets, please!

How many more stops to ...?	**Quante stazioni ci sono ancora prima di ...?** kōō·än'te stätsyō'nē tshē sō'nō änkō'rä prē'mä dē ...?
How long is our layover?	**Quanto tempo si ferma il treno?** kōō·än'tō tem'pō sē fer'mä ēl tre'nō?
Will I be in time to catch the train to ...?	**Faccio ancora in tempo a prendere il treno per ...?** fä'tshō änkō'rä ēn tem'pō ä pren'dere ēl tre'nō per ...?

Train

to arrive	**arrivare** ärēvä're
car	**il vagone** ēl vägō'ne
to change (trains)	**cambiare** kämbyä're
class	**la classe** lä klä'se
compartment	**lo scompartimento** lō skōmpärtēmen'tō
connection	**la coincidenza** lä kō·ēntshēden'tsä

to depart	**partire** pärtē're
dining car	**il vagone ristorante** ēl vägō'ne rēstōrän'te
discount	**la riduzione** lä rēdōōtsyō'ne
exit	**l'uscita** lōōshē'tä
extra cost	**il supplemento** ēl sōōplemen'tō
to get off	**scendere** shen'dere
to get on	**salire** sälē're
to go by train	**andare in treno** ändä're ēn tre'nō
fare	**il prezzo del biglietto** ēl pre'tsō del bēlye'tō
lockers	**il deposito bagagli a cassette** ēl depō'sētō bägä'lyē ä käse'te
platform	**il binario** ēl bēnär'yō
reserved	**prenotato** prenōtä'tō
seat	**il posto** ēl pō'stō
sleeping car *(1–4 beds)*	**il vagone letto** ēl vägō'ne le'tō
sleeping car *(many beds)*	**la carrozza con cuccette** lä kärō'tsä kōn kōōtshe'te
stop	**la fermata** lä fermä'tä
occupied	**occupato** ōkōōpä'tō
through car	**la carrozza diretta** lä kärō'tsä dēre'tä
ticket	**il biglietto** ēl bēlye'tō
timetable	**l'orario** lōrär'yō
track	**il binario** ēl bēnär'yō
train	**il treno** ēl tre'nō
– station	**la stazione** lä stätsyō'ne

3

BOAT

Information and Booking

When will there be a *ship/ferry* going to ...?	**Quando parte *una nave/un traghetto* per ...?** kōō·änˈdō pärˈte *ōōˈnä näˈve/ōōn trägeˈtō* per ...)
How long is the passage to ...?	**Quanto dura la traversata fino a ... ?** kōō·änˈtō dōōˈrä lä träversäˈtä fēˈnō ä ...?
At which *ports/islands* will we be landing?	**Quali *porti/isole* si toccano?** kōō·äˈlē *pōrˈtē/ēˈzōle* sē tōkäˈnō?
When do we land?	**Quando sbarchiamo a ... ?** kōō·änˈdō zbärkyäˈmō ä ...?
When must we be on board?	**Quando dobbiamo essere a bordo?** kōō·änˈdō dōbyäˈmō eˈsere ä bōrˈdō?
I'd like to board with a car.	**Vorrei imbarcare la macchina.** vōreˈē ēmbärkäˈre lä mäˈkēnä.
I'd like a *first class/tourist class* ticket to ...	**Vorrei un biglietto di *prima classe/classe turistica* per ...** vōreˈē ōōn bēlyeˈtō dē *prēˈmä kläˈse/kläˈse tōōrēˈstēkä* per ...
I'd like a single cabin.	**Vorrei una cabina singola.** vōreˈē ōōˈnä käbēˈnä sēnˈgōla.
I'd like a ticket for the excursion at ... o'clock.	**Vorrei un biglietto per il giro delle ...** vōreˈē ōōn bēlyeˈtō per ēl jēˈrō deˈle ...

Where has the ... docked?	**Dov'è approdata la ... ?** dōve' äprōdä'tä lä ...?

On Board

I'm looking for cabin number ...	**Cerco la cabina numero ...** tsher'ko lä kä'bēnä nōō'merō ...
May I have a different cabin?	**Potrei avere un'altra cabina?** pōtre'ē äve're ōōnäl'trä käbē'nä?
Do you have something for seasickness?	**Ha qualcosa contro il mal di mare?** ä kōō·äl'kō'sa kōn'trō ēl mäl dē mä're?

Boat

air conditioning	**l'impianto dell'aria condizionata** lēmpyän'tō delär'yä kōndētsyōnä'tä
blanket	**la coperta di lana** lä kōper'tä dē lä'nä
boat trip	**la crociera** lä krōtshe'rä
cabin	**la cabina** lä käbē'nä
double –	**la cabina doppia** lä käbē'nä dō'pyä
exterior –	**la cabina esterna** lä käbē'nä ester'nä
four-bed –	**la cabina a quattro posti** lä käbē'nä ä kōō·ä'trō pō'stē
interior –	**la cabina interna** lä käbē'nä ēnter'nä
single –	**la cabina singola** lä käbē'nä sēn'gōlä
canal	**il canale** ēl känä'le
captain	**il capitano** ēl käpētä'nō
car ferry	**la nave traghetto** lä nä've träge'tō
coast	**la costa** lä kō'stä

3

deck	**la coperta** lä kōper'tä
duty	**i diritti portuali** ē dērē'tē pōrtōō·ä'lē
duty-free store	**il duty-free-shop** ēl dēōō'tē-frē-shōp'
excursion	**la gita** lä jē'tä
ferry	**il traghetto** ēl träge'tō
hovercraft	**l'hoverkraft** ***m*** lō'verkräft
island	**l'isola** lē'zōlä
land excursion	**la gita a terra** lä jē'tä ä te'rä
landing	**l'approdo** läprō'dō
life boat	**la scialuppa di salvataggio** lä shälōō'pä dē sälvätä'jō
life vest	**il giubbotto di salvataggio** ēl jōōbō'tō dē sälvätä'jō
lounge chair	**la sedia a sdraio** lä se'dyä ä zdrī'ō
passage	**la traversata** lä träversä'tä
port *(harbor)*	**il porto** ēl pōr'tō
port *(side of boat)*	**a babordo** ä bäbōr'dō
rough sea	**il mare mosso** ēl mä're mō'sō
sea	**il mare** ēl mä're
– sickness	**il mal di mare** ēl mäl dē mä're
ship	**la nave** lä nä've
ship's agent	**l'agenzia navale** läjen'tsyä nävä'le
shore	**la riva** lä rē'vä
starboard	**a dritta** ä drē'tä
steward	**il cameriere** ēl kämerye're
sun deck	**il ponte di passeggiata** ēl pōn'te dē päsejä'tä
swimming pool	**la piscina** lä pēshē'nä

CAR, MOTORBIKE AND BIKE

Rentals

I'd like to rent a ... (with automatic transmission).

Vorrei noleggiare ... (con il cambio automatico). vōre'ē nōlejä're ... (kōn ēl käm'byō outōmä'tēkō).

car — **una macchina** ōō'nä mä'kēnä

car with four-wheel drive — **un fuoristrada** ōōn fōō·ōrēsträ'dä

motorcycle — **una motocicletta** ōō'nä mōtōtshēkle'tä

motor home — **un camper** ōōn käm'per

? **Mi fa vedere la Sua patente, per favore?** mē fä vede're lä sōō'ä päten'te, per fävō're?

May I see your driver's license, please?

I'd like to rent a *bicycle/mountain bike* (with back-pedal brakes).

Vorrei noleggiare una *bicicletta/mountain bike* ... con il freno a contropedale. vōre'ē nōlejä're ōō'nä *bētshēkle'tä/moun'ten bīk* (kōn ēl fre'nō kōntrōpedä'le).

I'd like to rent it (for) ...

La vorrei noleggiare per ... lä vōre'ē nōlejä're per ...

tomorrow. — **domani.** dōmä'nē.

one day. — **un giorno.** ōōn jōr'nō.

two days. — **due giorni.** dōō'e jōr'nē.

one week. — **una settimana.** ōō'nä setēmä'nä.

3

? **Che tipo di macchina vuole?** ke tē'pō dē mä'kēnä vōō·ō'le? — What kind of car would you like?

How much will that cost? — **Quanto costa?** kōō·än'tō kō'stä?

How much mileage is included in the price? — **Quanti chilometri sono compresi nel prezzo?** kōō·än'tē kēlō'metrē sō'nō kōmpre'sē nel pre'tsō?

What kind of fuel does it take? — **Che tipo di carburante ci vuole?** ke tē'pō dē kärbōōrän'te tshē vōō·ō'le?

Is comprehensive insurance included? — **È inclusa un'assicurazione a copertura totale?** e ēnklōō'zä ōōnäsēkōōrätsyō'ne ä kōpertōō'rä tōtä'le?

What's the deductible? — **A quanto ammonta la quota a carico del cliente?** ä kōō·än'tō ämōn'tä lä kōō·ō'tä ä kä'rēkō del klē·en'te?

Can I return the car in ...? — **Posso riconsegnare la macchina anche a ...?** pō'sō rēkōnsenyä're lä mä'kēnä än'ke ä ...?

INFO Roads in Italy fall into various categories. When driving on the **strada communale, the strada provinciale** strä'dä kōmōōnä'le, strä'dä prōvēntshä'le (state road), or the **strada statale** strä'dä stätä'le (interstate road), you must honor the 90 km/h (app. 55 mph) speed limit. You may drive up to 110 km/h (app. 65 mph) on the **superstrada** sōōper-strä'dä (interstate highway) and up to 130 km/h (app. 75 mph) on the **autostrada** outōsträ'dä (national highway).

When do I have to be back?

Quando devo essere di ritorno?
kōō·än'dō de'vō e'sere dē rētōr'nō?

I'd also like a helmet.

Mi dia anche un casco, per favore.
mē dyä än'ke ōōn käs'kō, per fävō're.

Parking

Is there a *parking garage/parking lot* nearby?

C'è un *garage/parcheggio* qui vicino?
tshe ōōn *gäräj'/pärke'jō* kōō·e' vētshē'no?

Is the parking lot supervised?

Il parcheggio è custodito?
ēl pärke'jō e kōōstōdē'tō?

Do you pay at the exit or in advance?

Si paga all' uscita, o devo pagare in anticipo? sē pä'gä älōōshē'tä, ō de'vō pägä're ēn äntē'tshēpō?

INFO You must pay to park in spaces marked in blue, usually by getting a receipt from a ticket machine. Parking spaces marked in white are free.

Is the parking garage open all night?

Il garage rimane aperto tutta la notte?
ēl gäräj' rēmä'ne äper'tō tōō'tä lä nō'te?

Can I park here?

Posso parcheggiare qui?
pō'sō pärkejä're kōō·ē?

3

Where is/How far is it to the nearest gas station?

***Dov'è/Quant'è lontano* il prossimo distributore?** *dōvē'/kōō·änte' lōntä'nō* ēl prō'sēmō dēstrēbōōtō're?

INFO In Italy gas stations have the same opening hours as the stores. You will receive service during the working day. Many gas stations offer self-service at night or on Sundays: you must pay in advance at a machine for the amount of gas you need before filling your tank.

Fill it up, please.

Il pieno, per favore!
ēl pye'nō, per fävō're!

... euros' worth of ..., please.

... euro di ..., per favore.
... e'ōōrō dē ..., per fävōō're.

unleaded	**normale senza piombo** nōrmä'le sen'tsä pyōm'bō
diesel	**diesel** dē'sel
leaded	**normale** nōrmä'le
super unleaded	**super senza piombo** sōō'per sen'tsä pyōm'bō
super leaded	**super** sōō'per
two-stroke engine fuel	**miscela** mēshe'lä

Can I pay with this credit card?

Posso pagare con questa carta di credito? pō'sō pägä're kōn kōō·e'stä kär'tä dē kre'dētō?

I'd like *1 liter/2 liters* of oil, please.	**Vorrei *un litro/due litri* d'olio.** vōre'ē *ōōn lē'trō/dōō'e* lē'trē dō'lyō.
Could you change the oil, please?	**Cambi l'olio, per favore.** käm'bē lō'lyō, per fävō're.
I need snow chains.	**Mi servono delle catene da neve.** mē servō'nō de'le Käte'ne dä ne've.

INFO The **autostrada** outōsträ'dä is a toll road in Italy. You must take a card from a machine at the toll area before you can drive onto the **autostrada**. When you drive off, you must pay the amount indicated on the card for the distance (in kilometers) you have driven.

Breakdown and Accidents

Please call ..., quickly!	**Presto, chiami ...** pre'stō, kyä'mē ...
an ambulance	**un'ambulanza!** ōōnämbōōlän'tsä!
the police	**la polizia!** lä pōlē'tsyä!
the fire department	**i vigili del fuoco!** ē vē'jēlē del fōō·ō·kō!
I've had an accident.	**Ho avuto un incidente.** ō ävōō'tō ōōn ēntshēden'te.
May I use your phone?	**Posso usare il Suo telefono?** pō'sō ōōzä're ēl sōō'ō tele'fōnō?
Nobody's hurt.	**Non ci sono feriti.** nōn tshē sō'nō ferē'tē.

3

… people have been (seriously) injured.	**… persone sono rimaste (gravemente) ferite.** … persō'ne sō'nō rēmä'ste (grävemen'te) ferē'te.
Please help me.	**Mi aiuti, per favore!** mē äyōō'tē, per fävō're!
I need a first-aid kit.	**Mi servono bende, garza e cerotti.** mē servō'nō ben'de, gär'tsä e tsherō'tē.
I'm out of gas.	**Non ho più benzina.** nōn ō pyōō bentsē'nä.
Could you …	**Potrebbe …** pōtrē'be …
give me a lift?	**darmi un passaggio?** där'mē ōōn päsä'jō?
tow my car?	**rimorchiare la mia macchina?** rēmōrkyä're lä mē'ä mä'kēnä?
send me a tow-truck?	**mandarmi un carro attrezzi?** mändär'mē ōōn kä'rō ätre'tsē?
It's not my fault.	**Non è colpa mia.** nōn e kōl'pä mē'ä.
It's your fault.	**E' colpa Sua.** e kōl'pä sōō'ä.
You didn't have the right-of-way.	**Lei non ha rispettato la precedenza.** le'ē nōn ä rēspetä'tō lä pretsheden'tsä.
I had the right of way.	**Avevo la precedenza.** äve'vō lä pretsheden'tsä.
You cut the corner.	**Lei ha tagliato la curva.** le'ē ä tälyä'tō lä kōōr'vä.

You were following too closely.	**Lei non ha rispettato la distanza regolamentare.** le'ē nōn ä rēspetä'tō lä dēstän'tsä regōlämentä're.
You were going too fast.	**Lei andava troppo forte.** le'ē ändä'vä trō'pō fōr'te.
I was doing … kilometers an hour.	**Andavo a … chilometri all'ora.** ändä'vō ä … kēlō'metrē älō'rä.
You damaged the …	**Ha danneggiato …** ä dänejä'tō …
May I have your *name and address/ insurance information*, please?	**Mi dia *il Suo nome e il Suo indirizzo/ il nome della Sua assicurazione*, per favore.** mē dē'ä *ēl sōō'ō nō'me e ēl sōō'ō ēndērē'tsō/ēl nō'me de'lä sōō'ä äsēkōōrätsyō'ne*, per fävō're.
Would you mind being a witness?	**Potrebbe testimoniare sull'accaduto?** pōtre'be testēmōnyä're sōōläkädōō'tō?
Thank you very much for your help.	**Grazie dell'aiuto.** grä'tsē·e deläyōō'tō.

! **I Suoi documenti, per favore.**
• ē sōō·oi' dōkōōmen'tē, per fävō're.

Your driver's license, registration, and insurance information, please.

! ***La Sua patente/Il Suo libretto de circolazione*, per favore!**
lä sōō'a päten'te/ēl sōō'ō lēbre'tō de tshērkolätsēō'ne, per fävō're!

Your *driver's licence/ registration*, please.

3

Do it yourself

Could you lend me …, please?	**Per favore, mi potrebbe prestare …?** per fävō're, mē pōtre'be prestä're …?
I need …	**Mi servirebbe …** mē servēre'be …
a bicycle repair kit.	**il corredo per la riparazione di forature.** ēl kōre'do per lä rēpärätsyō'ne dē fōrätōō're.
a pump.	**una pompa dell'aria.** ōō'nä pōm'pä delär'yä.
a (…) wrench.	**una chiave inglese (da …).** ōō'nä kyä've ēn·gle'se (dä …).
a screwdriver.	**un cacciavite.** ōōn kätshävē'te.
a (…) socket wrench.	**una chiave fissa a tubo (da …).** ōō'nä kyä've fē'sä ä tōō'bō (dä …).
a jack.	**un cric.** ōōn krēk.
a tool kit.	**una scatola degli attrezzi.** ōō'nä skä'tōlä de'lyē ätre'tsē.
a pair of pliers.	**una tenaglia.** ōō'nä tenä'lyä.

At the Repair Shop

Where is the nearest (...) garage?	**Dov'è l'officina (concessionaria) più vicina?** dōve' lōfētshē'nä (kōntshesyōnär'yä) pyōō vētshē'nä?
My car's on the road to ...	**La mia macchina sta sulla strada per ...** lä mē'ä mä'kēnä stä (sōō'lä strä'dä per) ...
Can you tow it away?	**La potete rimorchiare?** lä pōte'te rēmōrkyä're?
Would you have a look at it?	**Può dare un'occhiata?** pōō·ō' dä're ōōnōkyä'tä?
... is broken.	**... non funziona.** ... non fōōntsyō'nä.
My car won't start.	**La mia macchina non parte.** lä mē'ä mä'kēnä nōn pär'te.
The battery is dead.	**La batteria è scarica.** lä bäterē'ä e skä'rēkä.
The engine *sounds funny/doesn't have any power.*	**Il motore *fa dei rumori strani/non tira.*** ēl mōtō're *fä de'ē rōōmō're strä'nē/nōn tē'rä.*
Do you have the (original) parts for ...	**Ha pezzi di ricambio (originali) per ...?** ä pe'tsē dē rēkäm'byō (ōrējēnä'lē) per ...?

3

Just do the essential repairs, please.	**Faccia soltanto le riparazioni più necessarie, per favore.** fä'shä sōltän'tō le rēpärätsyō'nē pyōō netshesär'ye, per fävō're.
When will it be ready?	**Per quando sarà pronta?** per kōō·än'dō särä' prōn'tä?
Can I still drive it?	**Posso ancora andarci in giro?** pō'sō änkō'rä ändär'tshē ēn jē'ro?

Car, Motorbike and Bike

to accelerate	**accelerare** ätshelerä're
accident	**l'incidente** *m* lēntshēden'te
air filter	**il filtro dell'aria** ēl fēl'trō delär'yä
antifreeze	**l'antigelo** läntēje'lō
automatic transmission	**il cambio automatico** ēl käm'byō outomä'tēko
battery	**la batteria** lä bäterē'ä
bicycle	**la bicicletta** lä bētshēkle'tä
brake	**il freno** ēl fre'nō
– fluid	**l'olio dei freni** lō'lyō de'ē fre'nē
– lights	**le luci d'arresto** le lōō'tshē däre'stō
bright lights	**il faro abbagliante** ēl fä'rō äbälyän'te
broken	**rotto** rō'tō
bulb	**la lampadina** lä lämpädē'nä
bumper	**il paraurti** ēl pärä·ōōr'tē
car	**la macchina** lä mä'kēnä
carburetor	**il carburatore** ēl kärbōōrätō're

catalytic converter	**la marmitta catalitica** lä märmē'tä kätälē'tēkä
to change	**cambiare** kämbyä're
child seat	**il seggiolino per l'auto** ēl sejōlē'nō per lou'tō
clutch	**la frizione** lä frētsyō'ne
state road	**la strada provinciale** lä strä'dä provēntshä'le
curve	**la curva** lä kōōr'vä
to drive	**andare (in macchina)** ändä're (ēn mä'kēnä)
driver's license	**la patente** lä päten'te
dynamo	**la dinamo** lä dē'nämō
emergency brake	**il freno a mano** ēl fre'nō ä mä'nō
engine	**il motore** ēl mōtō're
exhaust	**lo scappamento** lō skäpämen'tō
fan belt	**la cinghia** lä tshēn'gē·ä
fender	**il parafango** ēl päräfän'gō
first-aid kit	**la cassetta di pronto soccorso** lä käse'tä dē pron'tō sōkōr'sō
four-wheel drive car	**il fuoristrada** ēl fōō·ōrēsträ'dä
fuse	**il fusibile** ēl fōōzē'bēle
garage	**l'officina** lōfētshē'nä
gas *(liquid fuel)*	**la benzina** lä bentsē'nä
gas *(gaseous fuel)*	**il gas** ēl gäs
– station	**il distributore** ēl dēstrēbōōtō're
gear	**la marcia** lä mär'tshä
headlights	**il faro** ēl fä'rō

helmet	**il casco** ēl käs'kō
highway	**l'autostrada** loutōsträ'dä
horn	**il clacson** ēl kläk'sōn
ignition	**l'accensione** *f* lätshensyō'ne
injured	**ferito** ferē'tō
innertube	**la camera d'aria** lä kä'merä där'yä
insurance	**l'assicurazione** *f* läsēkōōrätsyō'ne
international car insurance verification	**il carnet di assistenza internazionale** ēl kärne' dē äsēsten'tsä ēnternätsyōnä'le
interstate road	**la (strada) statale** lä (strä'dä) stätä'le
joint	**la guarnizione** lä gōō·ärnētsyō'ne
kilometer	**il chilometro** ēl kēlō'metrō
light	**la luce** lä lōō'tshe
low beams	**il faro anabbagliante** ēl fä'ro änäbälyän'te
mirror	**lo specchio** lō spe'kyō
motorcycle	**la motocicletta** lä mōtōtshēkle'tä
neutral	**la marcia in folle** lä mär'tshä ēn fō'le
no parking	**il divieto di parcheggio** ēl dēvye'tō dē pärke'jō
oil	**l'olio del motore** lō'lyō del mōtō're
– change	**il cambio dell'olio** ēl käm'byō delō'lyō
to park	**parcheggiare** pärkejä're
parking garage	**il garage** ēl gäräj'
parking light	**le luci di posizione** le lōō'tshē dē pōzētsyō'ne
parking lot	**il parcheggio** ēl pärke'jō

parking meter	**il parchimetro** ēl pärkē'metrō
parking receipt machine	**il distributore automatico di biglietti per il parcheggio** ēl dēstrēbōōtō're outōmä'tēkō dē bēlye'tē per ēl pärke'jō
to put into gear	**innestare la marcia** ēnestä're lä mär'tshä
radiator	**il radiatore** ēl rädyätō're
rear-end collision	**il tamponamento** ēl tämpōnämen'tō
registration number	**il numero di targa** ēl nōō'merō dē tär'gä
to rent	**noleggiare** nōlejä're
to repair	**riparare** rēpärä're
seatbelt	**la cintura di sicurezza** lä tshintōō'rä dē sēkōōre'tsä
shock absorber	**l'ammortizzatore** *m* lämōrtētsätō're
snow chains	**le catene da neve** le käte'ne dä ne've
spare gas canister	**la tanica di riserva** lä tä'nēkä dē rēzer'vä
spare part	**il pezzo di ricambio** ēl pe'tsō dē rēkäm'byō
spare tire	**la ruota di scorta** lä rōō·ō'tä dē skōr'tä
spark plug	**la candela d'accensione** lä kände'lä dätshensyō'ne
starter	**lo starter** lō stär'ter
steering	**lo sterzo** lō ster'tsō
tail light	**il fanalino posteriore** ēl fänälē'nō pōsteryō're
tire	**la ruota** lä rōō·ō'tä

3

toll	**il pedaggio** ēl pedä'jō
– booth	**il casello autostradale** ēl käse'lō outōsträdä'le
– road	**il tratto stradale soggetto a pedaggio** ēl trä'tō strädä'le sōje'tō ä pedä'jō
to tow (away)	**rimorchiare** rēmōrkyä're
tow rope	**il cavo da rimorchio** ēl kä'vō dä rēmōr'kyō
tow truck	**il carro attrezzi** ēl kä'rō ätre'tsē
transmission	**il cambio** ēl käm'byō
turn indicator	**la freccia** lä fre'tshä
unleaded	**senza piombo** sen'tsä pyōm'bō
valve	**la valvola** lä väl'vōlä
vehicle registration	**il libretto di circolazione** ēl lēbre'tō dē tshērkōlätsyō'ne
warning sign	**il triangolo** ēl trē·an'gōlō
water	**l'acqua** lä'kōō·ä
distilled -	**l'acqua distillata** lä'kōō·ä dēstēlä'tä
wheel	**la ruota** lä rōō·ō'tä
windshield wiper blades	**le spazzole del tergicristallo** le spä'tsōle del terjēkrēstä'lō

BUS, SUBWAY, TAXI

By Bus and Subway

Where's the nearest subway station?

Dov'è la fermata della metropolitana più vicina? dōve' lä fermä'tä de'lä metrōpōlētä'nä pyōō vētshē'nä?

INFO In Italy only Rome, Milan, and Naples have a subway system. The entrance to the subway is indicated by a sign with a white **"M"** e'me across a green background. **"M"** stands for **metropolitana**, or **metro** me'trō for short. In Venice there is of course no bus system. You can take a gondola – or a **vaporetto** väpōre'tō (motor boat), as the Venetians do.

3

Where's the *bus/streetcar* stop for ...?

Dove ferma *l'autobus/il tram* per ...? dō've fer'mä *lou'tōbōōs/ēl träm* per ...?

Which *bus/streetcar* goes to ...?

Quale *autobus/tram* va a ...? kōō·ä'le *ou'tōbōōs/träm* vä ä ...?

! **Il numero ...** ēl nōō'merō ... — Number ...

! **La linea ...** lä lē'ne·ä — The ... line.

When is the next *bus/streetcar* to ...?

Quando parte il prossimo *autobus/tram* per ...? kōō·än'dō pär'te ēl prō'sēmō *ou'tōbōōs/träm* per ...?

When does the last *bus/streetcar* return?

Quando riparte l'ultimo *autobus/tram*? kōō·än'dō rēpär'te lōōl'tēmō *ou'tōbōōs/träm*?

Does the bus have the same schedule on *Saturdays/Sundays*?

Di *sabato/domenica* l'autobus viaggia agli stessi orari? dē *sä'bätō/dōme'nēkä* lou'tōbōōs vyä'jä ä'lyē ste'sē ōrä'rē?

INFO Cross-country buses are often quicker and cheaper than trains. Ask about them at the local tourist bureau, since the bus companies differ from region to region. The color of the buses has nothing to do with the routes. There are bus stations in larger towns; in smaller towns, there are always special stops. One can often purchase tickets in the bus itself.

Does this *bus/streetcar* go to ...?

***Quest'autobus/Questo* tram va a ...?** *kōō·estou'tōbōōs/kōō·e'sto* träm vä ä ...?

Do I have to transfer to get to ...?

Per andare a ... devo cambiare? per ändä're ä ... de'vō kämbyä're?

Could you tell me where I have to *get off/transfer*, please?

Per favore, mi dice dove devo *scendere/cambiare*? per fävō're, mē dē'tshe dō've de'vō *shen'dere/kämbyä're*?

Where can I get a ticket?

Dove si comprano i biglietti? dō've sē kōmprä'nō ē bēlye'tē?

I'd like a ticket to ..., please.

Un biglietto per ..., per favore. ōōn bēlye'tō per ..., per fävō're.

INFO You can usually buy bus tickets in the **bar** bär, at the tobacconist's, and at newsstands. It's a good idea to get the **biglietti multipli** bēlye'tē mōōl'tēplē (tickets valid for several trips), since they end up being cheaper than single tickets.

Are there ...	**Ci sono ...** tshē sō'nō ...
tickets valid for several trips?	**biglietti multipli?** bēlye'tē mōōl'tēplē?
day passes?	**biglietti giornalieri?** bēlye'tē jōrnälye'rē
weekly tickets?	**abbonamenti settimanali?** äbōnämen'tē setēmänä'lē?

Taxi!

Where can I get a taxi?	**Dov'è un posteggio di taxi?** dōve' ōōn pōste'jō dē tä'ksē?
Could you order a taxi for me for ... o'clock?	**Mi potrebbe chiamare un taxi per le ...?** mē pōtre'be kyämä're ōōn tä'ksē per le ...?
Could you take me ..., please?	**..., per favore.** ..., per fävō're.
to the train station	**Alla stazione** ä'lä stätsyō'ne
to the airport	**All'aeroporto** älä·erōpōr'tō
to the ... Hotel	**All'hotel ...** älōtel' ...
to the center of town	**In centro** ēn tshen'trō
to ...	**A ...** ä ...

3

INFO To avoid nasty surprises, always make sure to take only official taxis. These will always be standing at designated taxi stands and have the appropriate taxi sign on the roof of the car.

How much is it to ...?	**Quanto costa per andare a ... ?** kōō·än'tō kō'stä per ändä're ä ...?
No, thanks, that's too expensive for me.	**No, grazie, per me è troppo caro.** nō, grä'tsē·e, per me e trō'pō kä'rō.
Is there an extra charge for baggage?	**Si paga una tariffa extra per i bagagli?** sē pä'gä ōō'nä tärē'fä ek'strä per ē bägä'lyē?
Would you *start/reset* the taxometer, please?	***Accenda/Azzeri* il tassametro, per favore!** *ätshen'dä/ädze'rē* ēl täsä'metrō, per fävō're.
Could you *wait/stop* here (for a moment), please?	***Aspetti/Si fermi* (un attimo) qui, per favore!** *äspe'tē/sē fer'mē* (ōōn ä'tēmō) kōō·ē', per fävō're.

Bus, Subway, Taxi

bus	**l'autobus *m*** lou'tōbōōs
cross-country – – station	**il pullman** ēl pōōl'män **la stazione dei pullman** lä stätsyō'ne de'ē pōōlmän
city center	**il centro** ēl tshen'tro
day pass	**il biglietto giornaliero** ēl bēlye'tō jōrnälye'rō

departure	**la partenza** lä pärten'tsä
direction	**la direzione** lä dēretsyō'ne
driver	**l'autista** *m* loutē'stä
to get out	**scendere** shen'dere
last stop	**il capolinea** ēl käpōlē'ne·ä
receipt	**la ricevuta** lä rētshevōō'tä
schedule	**l'orario** lōrär'yō
to stamp *(a ticket)*	**timbrare** tēmbrä're
stop	**la fermata** lä fermä'tä
to stop	**fermare** fermä're
streetcar	**il tram** ēl träm
subway	**la metropolitana** lä metrōpōlētä'nä
taxi	**il taxi** ēl tä'ksē
– stand	**il posteggio di taxi** ēl pōste'jō dē tä'ksē
ticket	**il biglietto** ēl bēlye'tō
– (vending) machine	**il distributore automatico di biglietti** ēl dēstrēbōōtō're outōmä'tēkō dē bēlye'tē
– stamping machine	**la macchina obliteratrice** lä mä'kēnä ōblēterätrē'tshe
to transfer	**cambiare** kämbyä're
weekly ticket	**l'abbonamento settimanale** läbōnämen'tō setēmänä'le

3

HITCHHIKING

I'd like to go to ... **Vorrei andare a ...** vōre'ē ändä're ä ...

Where/Which way are you going? **Lei dove va?** le'ē dō've vä?

Can you take me (part of the way) there? **Mi può dare un passaggio (per un tratto)?** mē pōō·ō' dä're ōōn päsä'jō (per ōōn trä'tō)?

? **Dove vuole scendere?** dō've vōō·ō'le shen'dere? Where do you want to get out?

Could you let me out here, please? **Mi faccia scendere qui, per favore.** mē fä'tshä shen'dere kōō·ē', per fävō're.

Thanks for the lift. **Grazie mille per il passaggio.** grä'tsē·e mē'le per ēl päsä'jo.

Food and Drink

MENÙ MENU

Antipasti *Appetizers*

acciughe ***f/pl*** ätshōō'ge — anchovies
affettato ***m*** **(misto)** — cold cut platter
äfetä'tō (mē'stō)
carciofini ***m/pl*** **sott'olio** — artichoke hearts in oil
kärtshōfē'nē sōtō'lyō
carpaccio ***m*** kärpä'tshō — thinly-sliced raw beef tenderized with lemon juice and oil
crostini ***m/pl*** **misti** — toasted bread with various toppings
krōstē'nē mē'stē
funghi ***m/pl*** **sott'olio** — mushrooms in oil
fōōn'gē sōtō'lyō
gamberi ***m/pl*** gämbe'rē — crawfish
ostriche ***f/pl*** ō'strēke — oysters
prosciutto ***m*** prōshōō'tō — ham
– **cotto** – kō'tō — cooked –
– **crudo** – krōō'dō — cured –
– **con fichi freschi** – kōn fē'kē fres'kē — – with fresh figs
– **e melone** – e melō'ne — – with melon
salame ***m*** sälä'me — salami
sottaceti ***m/pl*** sōtätshe'tē — pickled vegetables
tartine ***f/pl*** tärtē'ne — canapés

Primi piatti *First Courses*

Minestre *Soups*

brodo *m* brō'dō	broth
minestra *f* mēnes'trä	soup
– **di verdura** – dē verdōō'rä	vegetable soup
minestrone *m* mēnestrō'ne	thick vegetable soup
pastina *f* **in brodo** pästē'nä ēn brō'dō	broth with small pasta
zuppa *f* **di pesce** tsōō'pä dē pe'she	fish soup

Pasta e riso *Pasta and Rice*

agnolotti *m/pl* änyōlō'tē	stuffed pasta
cannelloni *m/pl* känelō'nē	filled rolls of pasta
fettuccine *f/pl* fetōōtshē'ne	flat pasta
fusilli *m/pl* fōōzē'lē	spiral pasta
gnocchi *m/pl* nyō'kē	small potato dumplings
lasagne *f/pl* läzä'nye	lasagne
pasta *f* **(asciutta)** pä'stä äshōō'tä	pasta dish
– **al burro (in bianco)** – äl bōō'rō (ēn byän'kō)	– with butter or olive oil and cheese
– **al pomodoro** – äl pōmōdō'rō	– with tomato sauce
– **al ragù** – äl rägōō'	– with meat sauce
– **alla carbonara** – ä'lä kärbōnä'rä	– with bacon and egg

4

– **alla panna** – ä'lä pä'nä	– with cream sauce
– **al pesto** – äl pe'stō	– with pesto sauce
– **alle vongole** – ä'le vōn'gōle	– with clams
penne *f/pl* pe'ne	short, straight macaroni
polenta *f* pōlen'tä	cornmeal porridge
tagliatelle *f/pl* tälyäte'le	flat pasta
vermicelli *m/pl* vermētshe'lē	thin pasta
risotto *m* rēsō'tō	rice dish
– **ai funghi (porcini)** – ī fōōn'gē (pōrtshē'nē)	– with mushrooms
– **alla marinara** – ä'lä märēnä'rä	– with seafood

Carni *Meat*

agnello *m* änye'lō	lamb
coniglio *m* kōnē'lyō	rabbit
maiale *m* mäyä'le	pork
maialino *m* **da latte** mäyälē'nō dä lä'te	suckling pig
manzo *m* män'tsō	beef
montone *m* mōntō'ne	mutton
vitello *m* vēte'lō	veal
arrosto *m* ärō'stō	roast
bistecca *f* bēste'kä	steak
braciola *f* brätshō'lä	chop
brasato *m* bräzä'tō	beef braised in wine
coscia *m* **di vitello** kō'shä dē vēte'lō	leg of veal

costoletta *f* kōstōle'tä	cutlet
cotoletta *f* **alla milanese** kōstōle'tä ä'lä mēläne'ze	breaded veal cutlet
fegato *m* fe'gätō	liver
fesa *f* **di vitello** fe'zä dē vēte'lo	veal cutlet
fettina *f* fetēnä	thinly-sliced cutlet
filetto *m* fēle'tō	filet
frattaglie *f/pl* frätä'lyē	organ meats
involtini *m/pl* ēnvōltē'nē	roulades
lombata *f* lōmbä'tä	loin
ossobuco *m* ōsōbōō'kō	knuckle of beef or veal cut horizontally in slices
petto *m* **di vitello** pe'tō dē vēte'lō	breast of veal
polpette *f/pl* pōlpe'te	meatballs
ragù *m* rägōō'	ragout
salsicce *f/pl* sälsē'tshe	sausages
scaloppine *f/pl* skälōpē'nē	small cutlet
spezzatino *m* spetsätē'nō	stew
spiedini *m/pl* **alla griglia** spyedē'nē ä'lä grē'lyä	shish kebab
stufato *m* stōōfä'tō	stew
vitello *m* **tonnato** vēte'lō tōnä'tō	veal with tuna and caper sauce

4

Pollame *Poultry*

anitra *f* all'arancia duck à l'orange
ä'nēträ älärän'shä
fagiano *m* fäjä'nō pheasant
faraona *f* färä·ō'nä guinea fowl
gallina *f* gälē'nä hen
oca *f* ō'kä goose
petto *m* di pollo pe'tō dē pō'lō chicken breast
pollo *m* pō'lō chicken
– **arrosto** – ärō'stō roast chicken
tacchino *m* täkē'nō turkey

Pesce *Fish*

anguilla *f* än·gōō·ē'lä eel
aringa *f* ärēn'gä herring
calamari *m/pl* kälämä'rē squid fried in rings
carpa *f* kär'pä carp
frittura *f* di pesce mixed fried fish
frētōō'rä dē pe'she
luccio *m* lōō'tshō pike
pesce *m* spada pe'she spä'dä swordfish
rombo *m* rōm'bō turbot
salmone *m* sälmō'ne salmon
sogliola *f* sōlyō'lä sole
storione *m* stōryō'ne sturgeon
tonno *m* tō'nō tuna
triglia *f* trē'lyä red mullet
trota trō'tä trout

Crostacei e molluschi	*Seafood*
aragosta *f* ärägō'stä	lobster
cozze *f/pl* kō'tse	mussels
frutti *m/pl* **di mare** fro̅o̅'tē dē mä're	seafood
gamberetti *m/pl* gämbere'tē	shrimps
gambero *m* gäm'berō	crawfish
ostriche *f/pl* ō'strēke	oysters
polpo *m* pōl'pō	octopus
vongole *f/pl* vōn'gōle	clams

Verdura e contorni	*Vegetables and Side Dishes*
asparagi *m/pl* äspä'räjē	asparagus
bietole *f/pl* byetō'le	Swiss chard
carciofi *m/pl* kärtshō'fē	artichokes
– fritti – frē'tē	fried –
cavolfiore *m* kävōlfyō're	cauliflower
ceci *m/pl* tshe'tshē	chickpeas
fagioli *m/pl* fäjō'lē	beans
– bianchi di Spagna – byän'kē dē spä'nyä	broad –
fagiolini *m/pl* fäjōlē'nē	green –
finocchi *m/pl* fēnō'kē	fennel
funghi *m/pl* fo̅o̅n'gē	mushrooms
– coltivati – kōltēvä'tē	cultivated –
– porcini – pōrtshē'nē	porcini –
indivia *f* ēndē'vyä	endive
melanzane *f/pl* meläntsä'ne	eggplants

4

patate *f/pl* pätä'te	potatoes
– **arrosto** – ärō'stō	– baked potato
– **fritte** – frē'te	French fries
– **lesse** – le'se	boiled potatoes
peperonata *f* peperōnä'tä	thinly sliced peppers cooked with onions and tomatoes
peperoni *m/pl* peperō'nē	peppers
piselli *m/pl* pise'lē	peas
pomodori *m/pl* pōmōdō'rē	tomatoes
spinaci *m/pl* spēnä'tshe	spinach
zucchine *f/pl* tsōōkē'ne	zucchini
– **ripiene** – rēpye'ne	– stuffed – au gratin

Insalate *Salads*

insalata *f* ēnsälä'tä	salad
– **di cetrioli** – dē tshetrē·ō'lē	cucumber salad
– **mista** – mē'stä	mixed salad
– **di pomodori** – dē pōmōdō'rē	tomato salad
tonno *m* **e fagioli** tō'nō e fäjō'lē	salad of broad beans and tuna with onions

Uova *Egg Dishes*

frittata *f* frētä'tä	omelette
tortino *m* **di carciofi** tōrtē'nō dē kärtshō'fē	pancake with artichoke hearts

Modi di preparazione	*Methods of Preparation*
affumicato äfōōmēkä'tō	smoked
a vapore ä väpō're	steamed
ai ferri ī fe'rē	broiled
al cartoccio äl kärtō'tshō	baked in foil
al forno äl fōr'nō	baked
alla brace ä'lä brä'tshe	grilled on a brazier
alla griglia ä'lä grē'lyä	grilled on a barbecue
allo spiedo ä'lō spye'dō	on a skewer
arrosto ärō'stō	roasted
farcito färtshē'tō	stuffed
fatto in casa fä'tō ēn kä'sä	homemade
fritto frē'tō	deep-fried
gratinato grätēnä'tō	au gratin
ripieno rēpye'nō	filled
stufato stōōfä'tō	steamed

Formaggi	*Cheese*
Bel paese ***m*** bel pä·e'ze	soft, mild cheese
formaggio ***m*** **grattugiato** fōrmä'jō grätōōjä'tō	grated cheese
gorgonzola ***m*** gōrgōndzō'lä	blue cheese
mozzarella ***f*** **di bufala** mōtsäre'lä dē bōō'fälä	buffalo mozzarella
parmigiano ***m*** pärmējä'nō	Parmesan cheese
pecorino ***m*** pekōrē'nō	sheep's cheese
stracchino ***m*** sträkē'nō	soft, mild cheese

4

Dolci *Desserts*

➡ *see also Bar, Gelateria, Pasticceria (p. 104)*

budino *m* bōōdē'nō — pudding
cassata *f* käsä'tä — ice cream with candied fruits
crema *f* kre'mä — custard
crème *f* **caramel** krem kärämel' — crème caramel
macedonia *f* mätshedō'nyä — fruit salad
mousse *f* **al cioccolato** mōōs äl tshōkōlä'tō — chocolate mousse
zabaione *m* dzäbäyō'ne — cream made of egg yolks, sugar and Marsala
zuppa *f* **inglese** tsōō'pä ēn·gle'se — trifle

Frutta *Fruit*

anguria *f* ängōōr'yä — watermelon
arancia *f* ärän'tshä — orange
ciliege *f/pl* tshēlye'je — cherries
fico *m* 'fē'kō — fig
fragole *f/pl* frä'gōle — strawberries
lamponi *m/pl* lämpō'nē — raspberries
mela *f* me'lä — apple
melone *m* melō'ne — melon
pera *f* pe'rä — pear
pesca *f* pe'skä — peach
uva *f* ōō'vä — grape

BEVANDE BEVERAGES

Vini	*Wine and Champagne*
vino *m* vē'nō	wine
– bianco – byän'kō	white –
– rosso – rō'sō	red –
– rosé – rōze'	rosé –
– da tavola – dä tä'vōlä	table –
– della casa – de'lä kä'sä	house –
– in bottiglia – ēn bōtē'lyä	– by the bottle
prosecco *m* prōse'kō	sparkling wine from the Veneto region
spumante *m* spōōmän'te	sparkling wine
dolce dōl'tsche	sweet
demi-sec demē-sek'	medium-dry
secco se'kō	dry
Altre bevande alcoliche	*Other Alcoholic Drinks*
birra *f* bē'rä	beer
– alla spina – ä'lä spē'nä	draft –
– chiara – kyä'rä	blond –
– scura – skōō'rä	dark –
amaretto *m* ämäre'tō	amaretto
amaro *m* ämä'rō	bitters
grappa *f* grä'pä	strong brandy
liquore *m* lēkōō·ō're	liqueur
marsala *m* märsä'lä	Marsala wine
sambuca *f* sämbōō'kä	anis liqueur
stravecchio *m* strävek'yō	well-aged cognac

4

acqua *f* minerale — mineral water
ä'kōō·ä mēnerä'le

- **gassata** – gäsä'tä — carbonated –
- **naturale** – nätōōrä'le — non-carbonated –

aranciata *f* äräntshä'tä — orange soda
frappé *m* fräpe' — milkshake
limonata *f* lēmōnä'tä — lemon soda
spremuta *f* di arancia — freshly-squeezed orange juice
spremōō'tä dē äränˈtshä
spremuta *f* di limone — freshly-squeezed lemon juice
spremōō'tä dē lēmō'ne
succo *m* di frutta — fruit juice
sōō'kō dē frōō'tä

- **d'arancia** – däränˈtshä — orange juice
- **di mele** – dē me'le — apple juice

BAR CAFÉ

caffè *m* (espresso) — espresso
käfe' (espre'sō)

- **corretto** – kōre'tō — – with liqueur
- **lungo** – lōōn'gō — – diluted with a bit of water
- **macchiato** – mäkyä'tō — – with milk
- **ristretto** – rēstre'tō — very strong –

cappuccino *m* käpōōtshē'nō	cappuccino
camomilla *f* kämōmē'lä	camomile tea
cioccolata *f* tshōkōlä'tä	hot chocolate
latte *m* lä'te	milk
– **macchiato** mäkyä'tō	– with coffee
tè *m* te	hot tea
– **al latte** – äl lä'te	– with milk
– **al limone** – äl lēmō'ne	– with lemon

GELATERIA ICE CREAM

gelato *m* jelä'tō	ice cream
– **affogato** – äfōgä'tō	– topped with liqueur or coffee
– **alla frutta** – ä'lä frōō'tä	fruit –
– **alla crema** – ä'lä kre'mä	rich –
– **con la panna** – kōn lä pä'nä	– with whipped cream
– **fior di latte** – fyōr dē lä'te	– made with cream
ghiacciolo gyätshō'lō	popsicle
granita *f* gränē'tä	grainy kind of sherbet
semifreddo *m* semēfre'dō	semi-frozen ice cream or cake
tartufo *m* tärtōō·fō	chocolate-covered ice cream

4

PASTICCERIA CAKES

amaretti *m/pl* ämäre'tē	almond cookies
bignè *m* bēnye'	cream puffs
bombolone *m* bōmbōlō'ne	filled donuts
brioche *f* brē·ōsh'	croissants
ciambella *f* tshämbe'lä	fried yeast pastry
crostata *f* krōstä'tä	tart
diplomatico *m* dēplōmä'tēkō	pastry with cream and liqueur
meringa *f* merēn'gä	meringue
pan *m* **di Spagna** pän dē spä'nyä	pound cake
panna *f* **montata** pä'nä mōntä'tä	whipped cream
pasticcini *m/pl* pästētshē'nē	tea cakes
sfogliatella *f* sfōlyäte'lä	pastry filled with jam or cream
torta *f* tōr'tä	cake
– **al cioccolato** – äl tshōkōlä'tō	– chocolate
– **alla frutta** – ä'lä frōō'tä	– with fruit
– **di mandorle** – dē män'dōrle	almond –
– **di mele** – dē me'le	– with apples
– **gelato** – jelä'tō	ice cream –

INFORMATION

Is there a … around here?	**Scusi, c'è … qui vicino?** skōō'zē, tshe … kōō·ē' vētshē'nō?
a good restaurant	**un buon ristorante** ōōn bōō·ōn' rēstōrän'te
an inexpensive restaurant	**un ristorante non troppo caro** ōōn rēstōrän'te nōn trō'pō kä'rō
a restaurant typical of the area	**un ristorante tipico** ōōn rēstōrän'te tē'pēkō
a bar	**un bar** ōōn bär
a café	**un caffè** ōōn käfe'

INFO You won't get a pizza in a **ristorante** rēstōrän'te; here, you usually order a four-course meal: **antipasto** äntēpä'stō (appetizer), **primo** prē'mō (soup or a pasta or a rice dish), **secondo** sekōn'dō (meat or fish), and **dolce** dōl'tshe (dessert). If you don't wish to eat all four courses, you can order a **secondo** or a **primo**. If you wish to have a side dish of anything with your **secondo** (which will consist of the meat or fish dish and nothing else) you must order it as well. **Coperto** kōper'tō is the cover charge for cutlery, tablecloth, and bread.

Could you reserve me a table for … people for … o'clock?	**Mi potrebbe riservare un tavolo per … persone per le …?** mē pōtre'be rēzervä're ōōn tä'vōlō per … per sō'ne per le …?

INFO A **trattoria** trätōrē'ä is a more informal, inexpensive restaurant that offers dishes that are typical of the area. Recently, more expensive restaurants have begun to call themselves **trattorie** in order to suggest a rustic ambience.

A **pizzeria** pētserē'ä might only be open in the evenings since Italians don't eat **pizza** during the day. They also offer other dishes in addition to **pizza**. You can order just a **primo** prē'mō or **dolce** dōl'tshe in the **pizzeria**, something particularly popular with young people after the movies or the theater. If you feel like eating **pizza** during the day, you'll have to find a **pizzeria** that serves **pizza al taglio** pē'tsä äl tä'lyō (pizza slices), which you can eat there standing or take out.

A table for ..., please.	**Un tavolo per ... persone, per favore.** ōōn tä'vōlō per ... persō'ne, per fävō're.
May I have this *table/seat*?	**È libero questo *tavolo/posto*?** e lē'berō kōō·e'stō *tä'vōlō/pō'stō*?
Do you have a highchair?	**Avete un seggiolone?** äve'te ōōn sejōlō'ne?
Excuse me, where are the rest rooms?	**Scusi, dov'è la toilette?** skōō'zē, dōve' lä tōō·älet'?

! **Qui a *destra/sinistra*.**
kōō·ē' ä *des'trä/sēnēs'trä*.

Down there on the *right/left*.

WAITER!

May I see the menu, please?	**Il menù, per favore.** ēl menōō', per fävō're.

INFO To call the waiter, say **"Cameriere!"** kämerye're! To call the waitress, **"Cameriera!"** kämerye'rä!

I'd like to eat something.	**Vorrei mangiare qualcosa.** vōre'ē mänjä're kōō·älkō'sä.
I'd just like something small to eat.	**Vorrei fare soltanto uno spuntino.** vōre'ē fä're sōltän'tō ōō'nō spōōntē'nō.
I just want something to drink.	**Vorrei soltanto bere qualcosa.** vōre'ē sōltän'tō be're kōō·älkō'sä.
Unfortunately we don't have much time.	**Purtroppo non abbiamo molto tempo.** pōōrtrō'pō nōn äbyä'mō mōl'tō tem'pō.

INFO During the day, you might want to try out the **tavola calda** tä'vōlä käl'dä, a kind of cafeteria where you can get inexpensive hot food at a counter. The **rosticceria** rōstētsherē'ä is also an informal type of restaurant, open only during the day. There you may get various foods such as roast chicken and vegetables or lasagne, which you can take out or sometimes eat there.

The **paninoteca** pänēnōte'kä is a relatively new kind of fast-food restaurant. You can get hot and cold **panini** pänē'nē (sandwiches) there.

? Che cosa desidera da bere?
kē kō'sä desē'derä dä be're?

What would you like to drink?

I'd like ..., please. **Vorrei ...** vōre'ē ...

a glass of red wine	**un bicchiere di vino rosso.** ōōn bēkye're dē vē'nō rō'sō.
a bottle of beer	**una bottiglia di birra.** ōō'nä bōtē'lyä dē bē'rä.
a *liter/half a liter* of white wine	***un/mezzo* litro di vino bianco.** *ōōn/me'tsō* lē'trō dē vē'nō byän'kō.
a quarter of a liter of rosé	**un quarto di vino rosé.** ōōn kōō·är'tō dē vē'nō rōze'.
a caraffe of water	**una caraffa d'acqua.** ōō'nä kärä'fä dä'kōō·ä.
a cup of coffee	**una tazza di caffè.** ōō'nä tä'tsä dē käfe'.

Do you also have wine by the glass? **Ha anche del vino sfuso?** ä än'ke del vē'nō sfu'zō?

INFO You can order a single glass of wine only at a **bar** bär. In restaurants and pizzerias you must order wine by the 1/4, 1/2, or full liter. A **bar** is not like an American bar; you go there for coffees and other hot and cold beverages as well as aperitifs. If you order a **caffè** käfe', you will get an **espresso** espre'sō; **cappuccino** käpōōtshē'no is **espresso** with frothed milk. In private homes you often get **caffèlatte** käfelä'te, coffee with warm but unfrothed milk.

? **Che cosa desidera (mangiare)?** ke kō'sä desē'derä (mänjä're)? — What would you like to eat?

I would like a serving of … — **Vorrei una porzione di …** vōre'ē ōō'nä pōrtsyō'ne dē …

I'd like a piece of … — **Vorrei un pezzo di …** vōre'ē ōōn pe'tsō dē …

Do you have … ? — **Ha …?** ä …?

What would you recommend? — **Che cosa mi consiglia?** ke kō'sä mē kōnsē'lyä?

! **Le consiglio …** le kōnsē'lyō … — I can recommend …

Do you have any regional specialties? — **Quali sono le specialità della regione?** kōō·ä'lē sō'nō le spetshälētä' de'lä rejō'ne?

Do you serve … — **Avete …** äve'te …

- diabetic meals? — **cibi per diabetici?** tshē'bē per dyäbe'tētshē?
- special diet meals? — **cibi dietetici?** tshē'bē dyete'tētshē?
- vegetarian dishes? — **piatti vegetariani?** pyä'tē vejetäryä'nē?

Can we get a children's portion? — **È possibile avere una mezza porzione per i bambini?** e pōsē'bēle äve're ōō'nä me'tsä pōrtsyō'ne per ē bämbē'nē?

4

Does it have ...? I'm not allowed to eat that.

C'è ... in questo piatto? Non lo posso mangiare. tshe ... ēn kōō·e'stō pyä'tō? nōn lō pō'sō mänjä're.

? **Che cosa prende per *antipasto/dessert*?** ke kō'sä pren'de per *äntēpä'stō/deser'*?

Would you care for *an appetizer/some dessert*?

No, thank you, I don't care for *an appetizer/any dessert*.

***L'antipasto/Il dessert* non lo prendo, grazie.** *läntēpä'stō/ēl deser'* nōn lō pren'dō, grä'tsē·e.

INFO You can purchase entire cakes and tarts in the **pasticceria** pästētsherē'ä. In restaurants you can get single pieces of cakes for dessert.

Could I have ... instead of ...?

Potrei avere ... invece di ...? pōtre'ē äve're ... ēnve'tshe dē ...?

? **Come la vuole la bistecca?** kō'me lä vōō·ō'le lä bēste'kä?

How would you like your steak?

Rare.

Al sangue. äl sän'gōō·e.

Medium.

Non troppo cotta, ma non al sangue. nōn trō'pō kō'tō, mä nōn äl sän'gōō·e.

Well-done.

Ben cotta. ben kō'tä.

Could you bring me *another/some more* ..., please?

Per favore, mi porti ancora ... per fävō're, mē pōr'tē änkō'rä ...

COMPLAINTS

I didn't order this. I wanted ...

Non ho ordinato questo, io volevo ...
nōn ō ōrdēnä'tō kōō·e'stō, ē'ō vōle'vō ...

The ... *is/are* missing.

***Manca/Mancano* ancora ...**
män'kä/mänkä'nō änkō'rä ...

INFO At the **bar** or **bar pasticceria** bär pästētsherē'ä you can get a typically Italian breakfast: **cappuccino e brioche** käpōōtshē'nō e brē·ōsh' or **pasta** pä'stä (a piece of cake or pastry). You can also get something small there for lunch. You must almost always pay for your meal at the cashier's first; you must present your **scontrino** skōntrē'nō (receipt) to get your meal or drink. Usually one eats and drinks while standing at the counter. But in the summer, a **bar** might put some tables outside. The prices will differ according to whether you are eating at the counter or at a table with service. A **bar gelateria** bär jeläterē'ä will produce its own ice cream; a **bar pasticceria** bär pästētsherē'ä offers its own home-made cakes.

4

The meat hasn't been cooked enough.

La carne non è abbastanza cotta.
lä kär'ne nōn e äbästän'tsä kō'tä.

Could you take it back, please?

Lo riporti indietro, per favore.
lō rēpōr'tē ēndye'trō, per fävō're?

THE CHECK, PLEASE

Could I have the check, please?	**Il conto, per favore.** ēl kōn'tō, per fävō're.
I'd like a receipt.	**Vorrei la ricevuta.** vōre'ē lä rētshevōō'tä.
We'd like separate checks, please.	**Conti separati, per favore.** kōn'tē sepärä'tē, per fävō're.

INFO When Italians go out to eat with friends, they usually get one bill and figure out each one's share. Going Dutch is called **pagare alla romana** pägä're ä'lä rōmä'nä.

May I treat you?	***La/Ti* posso invitare?** *lä/tē* pō'sō ēnvētä're?
You're my guest today.	**Oggi *è/sei* mio ospite.** ō'jē *e/se'ē* mē'ō ō'spite.

? **È stato di *Suo/vostro* gradimento?** Did you enjoy your meal?
e stä'tō dē *sōō'ō/vōs'trō* grädēmen'tō?

It was very nice, thank you.	**Grazie, era davvero molto buono.** grä'tsē·e, e'rä däve'rō mōl'tō bōō·ō'nō.
I think there must be some mistake here.	**Mi sembra che ci sia un errore.** mē sem'brä ke tshē sē'ä ōōn erō're.

INFO The **birreria** bērerē'ä is only open in the evening. There you can get cold and sometimes simple warm dishes. These informal restaurants offer a large selection of beers. In general, beer in Italy is rather expensive, and imported beers are more expensive than Italian ones.

We didn't order this.	**Questo non lo abbiamo ordinato.** kōō·e'sto nōn lō äbyä'mō ōrdēnä'tō.
Thank you very much.	**Molte grazie.** mōl'te grä'tsē·e.

DINING WITH FRIENDS

Enjoy your meal!	**Buon appetito!** bōō·on' äpetē'tō!
Cheers!	**(Alla) salute!** (ä'lä) sälōō'te!
? ***Le/Ti* piace?** *le/tē* pyä'tshe?	How do you like it?
It's very good, thank you.	**È molto buono, grazie.** e mōl'tō bōō·ō'nō, grä'tsē·e.
That's exquisite.	**Questo è veramente squisito.** kōō·e'sto e verämen'te skōōēzē'tō.
What's that?	**Che cos'è?** ke kōse'?
Would you pass me the ..., please?	**Mi *potrebbe/potresti* passare ...?** mē *pōtre'be/pōtre'stē* päsä're ...?

4

Ancora un po' di ...? änkō'rä ōōn pō dē ...?	Would you like some more?
Yes, please.	**Sì, volentieri.** sē, vōlentye'rē.
No, thanks, not right now.	**Per il momento no, grazie.** per ēl mōmen'tō nō, grä'tsē·e.
No, thank you, I'm full.	**Grazie, ma sono già ♂sazio/♀sazia.** grä'tsē·e, mä sō'nō jä ♂sä'tsyō/♀sä'tsyä.
Do you mind if I smoke?	***La/Ti* disturbo se fumo?** *lä/tē* dēstōōr'bō sē fōō'mō?
Thank you for inviting me.	**Grazie per l'invito.** grä'tsē·e per lēnvē'tō.
It was delicious.	**È stato eccellente.** e stä'tō etshelen'te.

see also: Please, Thank you (p. 25)

Food and drink

appetizer	**l'antipasto** läntēpä'sto
artificial sweetener	**il dolcificante** ēl dōltshēfēkän'te
ashtray	**il posacenere** ēl pōzätshe'nere
available	**libero** lē'berō
bar	**il bar** ēl bär
beer	**la birra** lä bē'rä
bottle	**la bottiglia** lä bōtē'lyä
– opener	**l'apribottiglie** *m* läprēbōtē'lye
bread	**il pane** ēl pä'ne

– roll	**il panino** ēl pänē'nō
whole-wheat –	**il pane integrale** ēl pä'ne ēntegrä'le
breakfast	**la colazione** lä kōlätsyō'ne
to bring	**portare** pōrtä're
butter	**il burro** ēl bōō'rō
café	**il bar, la pasticceria, il caffè** ēl bär, lä pästētsherēä, ēl käfe'
cake	**la torta** lä tōr'tä
carafe	**la caraffa** lä kärä'fä
cheese	**il formaggio** ēl fōrmä'jō
children's portion	**la mezza porzione** lä me'tsä pōrtsyō'ne
(hot) chocolate	**la cioccolata** lä tshōkōlä'tä
cocoa	**il cacao** ēl käkä'ō
coffee	**il caffè** ēl käfe'
black –	**il caffè nero** ēl käfe' ne'rō
decaffeinated –	**il caffè decaffeinato** ēl käfe' dekäfe·ēnä'tō
regular –	**il caffè alla tedesca** ēl käfe' ä'lä tedes'kä
– with milk	**il caffelatte, il caffè macchiato** ēl käfelä'te, ēl käfe' mäkyä'tō
– with sugar	**il caffè zuccherato** ēl käfe' tsōōkerä'tō
cold	**freddo** fre'dō
– cut platter	**l'affettato** läfetä'tō
cookies	**i biscotti** ē bēskō'tē
corkscrew	**il cavatappi** ēl kävätä'pē
course	**il piatto** ēl pyä'tō
first –	**il primo** ēl prē'mō

4

second –	**il secondo** ēl sekōn'dō
cream	**la panna** lä pä'nä
crudités	**le verdure crude** le verdōō're krōō'de
cup	**la tazza** lä tä'tsä
cutlery	**le posate** le pōsä'te
dessert	**il dolce** ēl dōl'tshe
diabetic	**il diabetico** ēl dyäbe'tēkō
diet	**la dieta** lä dē·e'tä
dinner	**la cena** lä tshe'nä
dish	**il piatto** ēl pyä'tō
dough	**la pasta** lä pä'stä
drink	**la bevanda** lä bevän'dä
to drink	**bere** be're
drinks menu	**la carta delle bevande** lä kär'tä de'le bevän'de
to eat	**mangiare** mänjä're
egg	**l'uovo, *pl:* le uova** lōō·ō'vō, *pl:* le ōō·ō'vä
fried –	**l'uovo al tegame** lōō·ō'vō äl tegä'me
hard-boiled –	**l'uovo sodo** lōō·ō'vō sō'dō
scrambled –	**le uova strapazzate** leōō·ō'vä sträpätsä'te
soft-boiled –	**l'uovo alla coque** lōō·ō'vō ä'lä kōk
excellent	**eccellente** etshelen'te
fat	**grasso** grä'sō
filling	**il ripieno** ēl rēpye'nō
fish	**il pesce** ēl pe'she
food	**il mangiare** ēl mänjä're

fork	**la forchetta** lä forke'tä
fresh	**fresco** fres'kō
fruit	**la frutta** lä frōō'tä
to be full	**essere sazio** e'sere sä'tsyō
garlic	**l'aglio** (ä'lyō)
glass	**il bicchiere** ēl bēkye're
grease	**il grasso** ēl grä'sō
guest	**l'ospite** ***m, f*** lō'spēte
ham	**il prosciutto** ēl prōshōō'tō
hard	**duro** dōō'rō
homemade	**fatto in casa** fä'tō ēn kä'sä
honey	**il miele** ēl mye'le
hot *(temperature)*	**caldo** käl'dō
hot *(spicy)*	**piccante** pēkän'te
to be hungry	**avere fame** äve're fä'me
ice (cube)	**il (cubetto di) ghiaccio** ēl (kōōbe'tō dē) gyä'tshō
to invite	**invitare** ēnvētä're
jam	**la marmellata** lä märmelä'tä
ketchup	**il ketchup** ēl ket'shäp
knife	**il coltello** ēl kōlte'lō
lean	**magro** mäg'rō
light food	**gli alimenti dietetici** lyē älēmen'tē dyete'tētshē
lunch	**il pranzo** ēl prän'tsō
margarine	**la margarina** lä märgärē'nä
mayonnaise	**la maionese** lä mäyōnē'ze
meat	**la carne** lä kär'ne
menu	**il menù** ēl menōō'

milk	**il latte** ēl lä'te
mineral water	**l'acqua minerale** lä'kōō·ä mēnerä'le
non-carbonated –	**l'acqua minerale naturale** lä'kōō·ä mēnerä'le nätōōrä'le
carbonated –	**l'acqua minerale gassata** lä'kōō·ä mēnerä'le gäsä'tä
mushrooms	**i funghi** ē fōōn'gē
napkin	**il tovagliolo** ēl tōvälyō'lō
non-alcoholic	**analcolico** änälkō'lēkō
oil	**l'olio** lō'lyō
olive –	**l'olio d'oliva** lō'lyō dōlē'vä
onion	**la cipolla** lä tshēpō'lä
to order	**ordinare** ōrdēnä're
to pay	**pagare** pägä're
pepper	**il pepe** ēl pe'pe
peppermint tea	**l'infuso di menta** lēnfōō'zō dē men'tä
piece	**il pezzo** ēl pe'tsō
pizza	**la pizza** lä pē'tsä
place setting	**il coperto** ēl kōper'tō
place, seat	**il posto** ēl pō'stō
portion	**la porzione** lä pōrtsyō'ne
to recommend	**consigliare** kōnsēlyä're
to reserve	**prenotare** prenōtä're
restaurant	**il ristorante** ēl rēstōrän'te
restroom	**la toilette** lä tōō·älēt'
salad	**l'insalata** lēnsälä'tä
salt	**il sale** ēl sä'le
sandwich	**il panino (imbottito)** ēl pänē'nō (ēmbōtē'tō)

sauce *(in general)*	**la salsa** lä säl'sä
sauce *(for pasta)*	**il sugo** ēl sōō'gō
seasoned	**condito** kōndē'tō
to get separate checks	**pagare separatamente** pägä're sepäratämen'te
slice	**la fetta** lä fe'tä
soft	**morbido** mōr'bēdō
soup *(in general)*	**la zuppa** lä tsōō'pä
soup *(with pasta or rice)*	**la minestra** lä mēnes'trä
sour *(culinary in general)*	**agro** ä'grō
sour *(of milk products)*	**acido** ä'tshēdō
special of the day	**il piatto del giorno** ēl pyä'tō del jōr'nō
speciality	**la specialità** lä spetshälētä'
spice	**le spezie** le spe'tsye
spoon	**il cucchiaio** ēl kōōkyä'yō
straw *(for drinking)*	**la cannuccia** lä känōō'tshä
sugar	**lo zucchero** lō tsōō'kerō
sweet	**dolce** dōl'tshe
table	**il tavolo** ēl tä'vōlō
to taste good	**piacere** pyätshe're
tea	**il tè** ēl te
camomile –	**la camomilla** lä kämōmē'lä
fruit –	**la tisana di frutta** lä tēzä'nä dē frōō'tä
–spoon	**il cucchiaino** ēl kōōkyä·ē'nō
tender	**tenero** ten'erō

4

to be thirsty	**avere sete** äve're se'te
tip	**la mancia** lä män'tshä
toast	**il toast** ēl tōst
vegetables	**la verdura** lä verdōō'rä
vegetarian	**vegetariano** vejetäryä'nō
vinegar	**l'aceto** lätshe'tō
waiter	**il cameriere** ēl kämerye're
waitress	**la cameriera** lä kämerye'rä
water	**l'acqua** lä'kōō·ä
wine	**il vino** ēl vē'nō
zwieback	**la fetta biscottata** lä fe'tä bēskōtä'tä

Sightseeing

TOURIST INFORMATION

May I have ...	**Vorrei ...** vōre'ē ...
a list of hotels?	**un annuario degli alberghi.** ōōn änōō·är'yō del'yē älber'gē.
a map of the area?	**una cartina della zona.** ōō'nä kärtē'nä de'lä dzō'nä.
a brochure about ... ?	**un depliant su ...** ōōn deplē·än' sōō ...
a street map?	**una pianta della città.** ōō'nä pyän'tä de'lä tshētä'.
a subway map?	**una cartina della metropolitana.** ōō'nä kärtē'nä de'lä metrōpōlētä'nä.
a schedule of events?	**un programma delle manifestazioni.** ōōn prōgrä'mä de'le mänēfestätsyō'nē
Could you reserve a room for me?	**Mi potrebbe prenotare una camera?** mē pōtre'be prenōtä're ōō'nä kä'merä?
Are there *sightseeing tours/guided walking tours of the city*?	**Ci sono *giri turistici organizzati della città/delle visite guidate*?** tshē sō'nō *jē'rē tōōrē'stētshē ōrgänēdzä'tē de'lä tshētä'/de'le vē'zēte gōō·ēdä'te*?
How much does the sightseeing tour cost?	**Quanto costa il biglietto per il giro turistico della città?** kōō·än'tō kō'stä ēl bēlye'tō per ēl jē'rō tōōrē'stēkō de'lä tshētä'?

How long does the sightseeing tour last?	**Quanto dura il giro turistico della città?** kōō·än'tō dōō'rä ēl jē'rō tōōrē'stēkō de'lä tshētä'?
I'd like *a ticket/two tickets* for the walking tour of the city, please.	***Un biglietto/Due biglietti* per la visita guidata, per favore.** *ōōn bēlye'tō/dōō'e bēlye'tē* per lä vē'zētä gōō·ēdä'tä, per fävō're.
I'd like to visit ...	**Vorrei visitare ...** vōre'ē vēzētä're ...
Please reserve *a place/two places* on tomorrow's excursion for *me/us*.	***Un biglietto/Due biglietti* per la gita di domani per *me/noi*, per favore.** *ōōn bēlye'tō/dōō'ē bēlye'tē*, per lä jē'tä dē dōmä'nē per *me/noē*, per fävō're.
Where/When do we meet?	***Dove/Quando* ci troviamo?** *kōō·än'dō/dō've* tshē trōvyä'mō?
Will we also be visiting ... ?	**Andiamo a vedere anche ...?** ändyä'mō ä vede're än'ke ...?
Will we also have some free time?	**Abbiamo tempo libero a disposizione?** äbyä'mō tem'pō lē'berō ä dēspōzētsyō'ne?
When do we start?	**A che ora si parte?** ä ke ō'rä sē pär'te?
When do we get back?	**A che ora ritorniamo?** ä ke ō'rä rētōrnyä'mō?

➡ *Hotel reservation: Accommodations (S. 34), Asking the way: On the Way (S. 54), Public transportation: Bus, Subway, Taxi (S. 87)*

SIGHTSEEING, EXCURSIONS

When is ... *open/closed*?
A che ora *apre/chiude* ...?
ä ke ō'rä *ä'pre/kyōō'de* ...?

What's the admission charge?
Quanto costa il biglietto d'ingresso?
kōō·än'tō kō'stä ēl bēlye'tō dēngre'sō?

How much does the guided tour cost?
Quanto costa la visita guidata?
kōō·än'tō kō'stä lä vē'zētä gōō·ēdä'tä?

Is there a discount for ...
C'è una riduzione per ...
tshe ōō'nä rēdōōtsyō'ne per ...

families?	**famiglie?** fämē'lye?
groups?	**gruppi?** grōō'pē
children?	**bambini?** bämbē'nē?
senior citizens?	**anziani?** ändzyä'nē?
students?	**studenti?** stōōden'tē?

INFO When visiting churches and monasteries, you should wear appropriate clothing (something that covers your shoulders and knees). It is possible that someone wearing shorts or something with an open neckline might not be allowed into the building.

Do you also have tours in English?
C'è una guida che parla inglese?
tshe ōō'nä gōō·ē'dä ke pär'lä ēn·gle'se?

When does the tour begin?
Quando inizia la visita guidata?
kōō·än'dō ēnē'tsyä lä vē'zēta gōō·ēdä'tä?

One ticket/ Two tickets, please.	***Un biglietto/Due biglietti*, per favore.** *ōōn bēlye'tō/dōō'e bēlye'tē*, per fävō're.
Two adults and two children, please.	**Due adulti e due bambini, per favore.** dōō'e ädōōl'tē e dōō'ē bämbē'nē, per fävo're.
Are you allowed to *take pictures/make a video*?	**Si possono fare *fotografie/delle riprese filmate*?** sē pō'sōnō fä're *fōtōgräfē'e de'le rēpre'se fēlmä'te*?
What *building/ monument* is that?	**Che *edificio/monumento* è questo?** ke *edēfē'tshō/mōnōōmen'tō* e kōō·e'sto?
When was ... built?	**Quando è stato costruito ...?** kōō·än'dō e stä'tō kōstrōō·ē'tō ...?
Do you have a *catalog/guide*?	**C'è *un catalogo/una guida*?** tshe *ōōn kätä'lōgō/ōō'nä gōō·ē'dä*?
Do you have a ... of that picture?	**Avete ... del quadro?** äve'tē ... del kōō·ä'drō?
slide	**una diapositiva** ōō'nä dē·äpōzētē'vä
poster	**un poster** ōōn pō'ster
postcard	**una cartolina** ōō'nä kärtōlē'nä

Sightseeing, Excursions

abbey	**l'abbazia** läbätsē'ä
alley	**il vicolo** ēl vē'kōlō
altar	**l'altare *m*** lältä're

5

amphitheater	**l'anfiteatro** länfētē·ä'trō
antique	**antico** äntē'kō
antiquity	**l'antichità** läntēkētä'
aqueduct	**l'acquedotto** läkōō·edō'tō
arcarde	**l'arcata** lärkä'tä
arch	**l'arco** lär'kō
archeological find	**i reperti archeologici** ē reper'tē ärke·ōlō'jētshē
archeology	**l'archeologia** lärke·ōlōjē'ä
architect	**l'architetto** lärkēte'tō
architecture	**l'architettura** lärkētetōō'rä
area	**la zona** lä dzō'nä
arena	**l'arena** läre'nä
art	**l'arte** *f* lär'te
– collection	**la collezione di quadri** lä kōletsyō'ne dē kōō·ä'drē
artist	**l'artista** *m, f* lärtē'stä
atrium	**l'atrio** lä'trē·ō
avenue	**il viale** ēl vyä'le
baptismal font	**il fonte battesimale** ēl fōn'te bätezēmä'le
baroque	**il barocco** ēl bärō'kō
basilica	**la basilica** lä bäzē'lēkä
bell	**la campana** lä kämpä'nä
– tower	**il campanile** ēl kämpänē'le
bridge	**il ponte** ēl pōn'te
brochure	**il depliant** ēl deplē·än'
building	**la costruzione** lä kōstrōōtsyō'ne
bust	**il busto** ēl bōō'stō

Byzantine	**bizantino** bēdzäntē'nō
capital	**la capitale** lä käpētä'le
castle	**il castello** ēl käste'lō
catacombs	**le catacombe** le kätäkōm'be
cathedral	**la cattedrale, il duomo** lä kätedrä'le, ēl dōō·ō'mō
Catholic	**cattolico** kätō'lēkō
cave	**la grotta** lä grō'tä
ceiling	**il soffitto** ēl sōfē'tō
cemetery	**il cimitero** ēl tshēmēte'rō
century	**il secolo** ēl se'kōlō
chapel	**la cappella** lä käpe'lä
chimes	**il carillon** ēl kärēyōn'
choir	**il coro** ēl kō'rō
Christian	**cristiano** krēstyä'nō
church	**la chiesa** lä kye'zä
– service	**la messa** la me'sä
city	**la città** lä tshētä'
– center	**il centro** ēl tshen'trō
– district	**il quartiere** ēl kōō·ärtye're
– gate	**la porta della città** lä pōrtä de'lä tshētä'
– hall	**il municipio** ēl mōōnētshē'pyō
historical part of the –	**il centro storico, la città vecchia** ēl tshen'trō stō'rēkō, lä tshētä' ve'kyä
map of the –	**la cartina della città** lä kärtē'nä de'lä tshētä
– square	**la piazza** lä pyä'tsä

5

– walls	**le mura (della città)** le mōō'rä (de'lä tshētä)
Classicism	**il classicismo** ēl kläsētshēz'mō
cloister	**il chiostro** ēl kyōs'trō
closed	**chiuso** kyōō'sō
coat-of-arms	**lo stemma** lō ste'mä
column	**la colonna** lä kōlō'nä
contemporary	**contemporaneo** kōntempōrä'ne·ō
convent	**il convento** ēl kōnven'tō
copy	**la copia** lä kō'pyä
Corinthian	**corinzio** kōrēn'tsyō
court	**la corte** lä kōr'te
courtyard	**il cortile** ēl kōrtē'le
cross	**la croce** lä krō'tshe
crucifix	**il crocefisso** ēl krōtshefē'sō
crypt	**la cripta** lä krēp'tä
cupola	**la cupola** lä kōō'pōlä
Doric	**dorico** dō'rēkō
drawing	**il disegno** ēl dēzen'yō
emperor	**l'imperatore** lēmperätō're
empress	**l'imperatrice** lēmperätrē'tshe
era	**l'epoca** le'pōkä
Etruscan	**etrusco** etrōō'skō
excavations	**gli scavi** lyē skä'vē
excursion	**la gita** lä jē'tä
exhibition	**la mostra** lä mōs'trä
façade	**la facciata** lä fätshä'tä
forest	**il bosco** ēl bō'skō
fortress	**la fortezza** lä fōrte'tsä

fountain	**la fontana** lä fōntä'nä
fresco	**l'affresco** läfre'sko
gable	**il frontone, il timpano** ēl frōntō'ne, ēl tēm'pänō
garden	**il giardino** ēl järdē'nō
gate	**la porta** lä pōr'tä
glass	**il vetro** ēl ve'trō
gorge	**la gola** lä gō'lä
Gothic	**gotico** gō'tēkō
Greek	**greco** gre'kō
Greeks	**i greci** ē gre'tshē
hall *(large room)*	**la sala** lä sä'lä
harbor	**il porto** ēl pōr'tō
hill	**la collina** lä kōlē'nä
history	**la storia** lä stōr'yä
inscription	**la scritta** lä skrē'tä
Ionic	**ionico** ē·ō'nēkō
island	**l'isola** lē'zōlä
king	**il re** ēl re
lake	**il lago** ēl lä'gō
landscape	**il paesaggio** ēl pä·ezä'jō
marble	**il marmo** ēl mär'mō
market	**il mercato** ēl merkä'tō
covered –	**il mercato coperto** ēl merkä'tō kōper'tō
Middle Ages	**il medioevo** ēl medyō·e'vō
model *(figurine)*	**il modello** ēl mōde'lō
modern	**moderno** mōder'nō
monastery	**il monastero** ēl mōnäste'rō

5

monument	**il monumento** ēl mōnōōmen'tō
mosaic	**il mosaico** ēl mōzä'ēkō
mountain	**la montagna** lä mōntän'yä
mural	**la pittura murale** lä pētōō'rä mōōrä'le
museum	**il museo** ēl mōōze'ō
folklore –	**il museo delle tradizioni popolari** ēl mōōze'ō de'le trädētsyō'nē pōpōlä'rē
national park	**il parco nazionale** ēl pär'kō nätsēōnä'le
nature preserve	**la zona protetta** lä dzō'nä prōte'tä
open	**aperto** äper'tō
opera	**l'opera** lō'perä
organ	**l'organo** lōrgä'nō
original	**l'originale** *m* lōrējēnä'le
painter	**il pittore** ēl pētō're
painting	**il quadro** ēl kōō·ä'drō
palace	**il palazzo** ēl pälä'tsō
park	**il parco** ēl pär'kō
pedestrian zone	**la zona pedonale, la zona blu** lä dzō'nä pedōnä'le, lä dzō'nä blōō
peninsula	**la penisola** lä penē'zōlä
to take photographs	**fotografare** fōtōgräfä're
picture	**il quadro** ēl kōō·ä'drō
pilgrim	**il pellegrino** ēl pelegrē'nō
pillar	**il pilastro** ēl pēläs'trō
(floor) plan	**la pianta** lä pyän'tä
planetarium	**il planetario** ēl plänetär'yō
poet	**il poeta** ēl po·e'tä
porcelain	**la porcellana** lä pōrtshelä'nä

portal	**il portale** ēl pōrtä'le
portrait	**il ritratto** ēl rēträ'tō
pottery	**l'arte della ceramica** lär'te de'lä tsherä'mēkä
queen	**la regina** lä rejē'nä
to reconstruct	**ricostruire** rēkōstrōō·ē're
relief	**il rilievo** ēl rēlēe'vō
religion	**la religione** lä relējō'ne
remains	**i resti** ē re'stē
Renaissance	**il Rinascimento** ēl rēnäshēmen'tō
to restore	**restaurare** restourä're
river	**il fiume** ēl fyōō'me
Roman	**romano** rōmä'nō
Romanesque	**romanico** rōmä'nēkō
Romans	**i romani** ē rōmä'nē
romantic	**romantico** rōmän'tēkō
ruin	**la rovina** lä rōvē'nä
sanctuary *(place of pilgrimage)*	**il santuario** ēl säntōō·är'yō
sandstone	**la pietra arenaria** lä pye'trä ärenär'yä
sarcophagus	**il sarcofago** ēl särkō'fägō
sculptor	**lo scultore** lō skōōltō're
sculpture	**la scultura** lä skōōltōō'rä
statue	**la statua** lä stä'tōō·ä
style	**lo stile** lō stē'le
surrounding area	**i dintorni** ē dēntōr'nē
synagogue	**la sinagoga** lä sēnägō'gä
temple	**il tempio** ēl tem'pyō
theater	**il teatro** ēl te·ä'trō

tomb	**la tomba** lä tōmb'bä
tour of the city/town	**la visita guidata della città** lä vē'zētä gōō·ēdä'tä de'lä tshētä'
tourist information office	**l'ufficio informazioni turistiche** lōōfē'tshō ēnfōrmätsyō'nē tōōrē'stēke
tower	**la torre** lä tō're
treasure chamber	**il tesoro** ēl tesō'rō
triumphal arch	**l'arco di trionfo** lär'kō dē trē·ōn'fō
university	**l'università** lōōnēversētä'
valley	**la valle** lä vä'le
vase	**il vaso** ēl vä'zō
vault	**la volta** lä vōl'tä
to videotape	**filmare** fēlmä're
view	**il panorama** ēl pänōrä'mä
vineyard	**il vigneto** ēl vēnye'tō
to visit	**visitare** vēzētä're
volcano	**il vulcano** ēl vōōlkä'nō
wall	**il muro** ēl mōō·rō
waterfall	**la cascata** lä käskä'tä
window	**la finestra** lä fēne'strä
wine-tasting	**la degustazione del vino** lä degōōstätsyō'ne del vē'nō
wing	**l'ala** lä'lä
woodcarving *(as a handicraft)*	**l'intaglio** lēntä'lyō
woodcarving *(figure)*	**la scultura in legno** lä skōōltōō'rä ēn le'nyō
work	**l'opera** lō'perä
zoo	**lo zoo** lō dzō'ō

INFO In Italy there are a great many wildlife preserves that protect rare animal and plant species. There are bears and wolves in the **Parco Nazionale degli Abruzzi** pär'kō nätsyōnä'le de'lyē äbrōō'tsē. The **Parco del Pollino** pär'kō del pōlē'nō is wellknown for its rare plant forms.

Plants

almond tree	**il mandorlo** ēl män'dōrlō
beech tree	**il faggio** ēl fä'jō
broom	**la ginestra** lä jēnes'trä
chestnut tree	**il castagno** ēl kästä'nyō
cork oak tree	**il sughero** ēl sōō'gerō
cypress tree	**il cipresso** ēl tshēpre'sō
grape vines	**le viti** le vē'tē
larch tree	**il larice** ēl lä'rētshe
lemon tree	**il limone** ēl lēmō'ne
maritime pine tree	**il pino marittimo** ēl pē'nō märē'tēmō
oak tree	**la quercia** lä kōō·er'tshä
oleander	**l'oleandro** lōle·än'drō
olive tree	**l'ulivo** lōōlē'vō
orange tree	**l'arancio** lärän'tshō
spruce tree	**il pino** ēl pē'nō
stone/umbrella pine tree	**il pino a ombrello** ēl pē'nō ä ōmbre'lō
walnut tree	**il noce** ēl nō'tshe

5

Animals

boar	**il cinghiale** ēl tshēn·gyä'le
butterfly	**la farfalla** lä färfä'lä
cat	**il gatto** ēl gä'tō
cow	**la mucca** lä mōō'kä
dog	**il cane** ēl kä'ne
donkey	**l'asino** lä'sēnō
eagle	**l'aquila** lä'kōō·ēlä
fox	**la volpe** lä vōl'pe
horse	**il cavallo** ēl kävä'lō
ibex *(mountain goat)*	**lo stambecco** lō stämbe'kō
mule	**il mulo** ēl mōō'lō
snake	**la serpe, il serpente** lä ser'pe, ēl serpen'te
wolf	**il lupo** ēl lōōpō

Shopping

BASIC PHRASES

Where can I get ...? **Dove posso trovare ...?**
dōve pō'sō trōvä're ...

! **Dica, prego!** dē'kä, pre'gō! May I help you?

? **Posso aiutarLa?** pō'sō äyōōtär'lä? May I help you?

I'm just looking, thanks. **Grazie, ma vorrei soltanto dare un'occhiata.** grä'tsē·ē, mä vōre'ē sōltän'tō dä're ōōnōkyä'tä.

I'm being helped, thanks. **Mi stanno già servendo.**
mē stä'nō jä serven'dō.

I'd like ... **Vorrei ...** vōre'ē ...

Please give me ... **Per favore, mi dia ...**
per fävō're, mē dē'ä ...

a can of ... ***un barattolo*** (in general)/***una lattina*** (drink) **di ...** *ōōn bärä'tōlō/ōō'nä lätē'nä* dē ...

a bottle of ... **una bottiglia di ...**
ōō'nä bōtē'lyä dē ...

a jar of ... **un barattolo di ...** ōōn bärä'tōlō dē ...

a package of ... **un pacco di ...** ōōn pä'kō dē ...

a box of ... **una scatola di ...** ōō'nä skä'tōlä dē ...

a tube of ... **un tubetto di ...** ōōn tōōbe'tō dē ...

! **Mi dispiace, ma ... è finito.** I'm sorry, but we're out of ...
mē dēspyä'tshe, mä ... e fēnē'tō.

How much *is/are* ...? **Quanto *costa/costano* ...?**
kōō·änˈtō *kōˈstä/kōˈstänō* ...?

Could you show me ..., please? **Per favore, mi fa vedere ...?**
per fävōˈre, mē fä vedeˈre ...?

That's not quite what I'm looking for. **Questo non mi piace tanto.**
kōō·eˈstō nōn mē pyäˈtshe tänˈtō.

Could you show me something else? **Mi può mostrare qualcos'altro?**
mē pōō·ōˈ mōsträˈre kōō·älkōsälˈtrō?

I'd like something a little less expensive. **Vorrei qualcosa di meno caro.**
vōreˈē kōō·älkōˈsä dē meˈnō käˈrō.

I'll have to think about it. **Ci devo pensare ancora un po'.**
tshē deˈvō pensäˈre änkōˈrä ōōn pō.

I like this. I'll take it. **Mi piace, lo prendo.**
mē pyäˈtshe, lō prenˈdō.

? **Desidera altro?** desēˈderä älˈtrō? Will there be anything else?

That's all, thank you. **Grazie, è tutto.** grätˈsē·e, e tōōˈtō.

Can I pay with this credit card? **Posso pagare con questa carta di credito?** pōˈsō pägäˈre kōn kōō·eˈsta kärˈtä dē kreˈdētō?

May I have a (plastic) bag for it? **Ha un sacchetto (di plastica), per favore?** ä ōōn säkeˈtō (dē pläˈstēkä), per fävōˈre?

INFO When you buy something, you should make sure you get the **scontrino fiscale** skōntrē'nō fēskä'le (receipt) and hold on to it at least until you are 100 meters away from the store. In order to avoid tax evasion, the **Guardia di Finanza** gōō·är'dyä dē fēnän'tsä (finance police) has the right to check and make sure that the bill has been added up accurately. The **scontrino** is the proof that the owner of the store has registered his earnings properly. If you are not in possession of the **scontrino**, you could be fined as well.

Could you wrap it up well for my return trip, please?	**Me lo può incartare bene per il viaggio?** me lō pōō·ō' ēnkärtä're be'ne per ēl vyä'jō?
How much does it cost?	**Quanto costa?** kōō·än'tō kō'stä?
This is broken. Could you repair it?	**È rotto, lo può riparare?** e rō'tō, lō pōō·ō' rēpärä're?
When will it be ready?	**Per quando sarà pronto?** per kōō·än'dō särä' prōn'tō?
I'd like to *exchange/return* this.	**Lo vorrei *cambiare/dare indietro.*** lō vōre'ē *kämbyä're/dä're ēndye'trō.*
I'd like a refund, please.	**Vorrei riavere indietro i soldi.** vōre'ē rē·äve're ēndye'trō ē sōl'dē.
Sorry, but you haven't given me enough change. I'm short …	**Mi ha dato .... di meno.** mē ä dä'tō … dē me'nō.

(plastic) bag	**il sacchetto (di plastica)** ēl säke'tō (dē plä'stēkä)
better	**migliore** mēlyō're
big	**grande** grän'de
bigger	**più grande** pyōō grän'de
to buy	**comprare** kōmprä're
can	**la lattina** lä lätē'nä
cheaper	**meno caro** me'nō kä'rō
to cost	**costare** kōstä're
credit card	**la carta di credito** lä kär'tä dē kre'dētō
to exchange	**cambiare** kämbyä're
expensive	**caro** kä'rō
gift	**il regalo** ēl regä'lō
to give	**dare** dä're
money	**i soldi** ē sōl'dē
pack	**il pacchetto** ēl päke'tō
package	**il pacco** ēl pä'kō
receipt	**la ricevuta** lä rētshevōō'tä
to return	**dare indietro** dä're ēndye'trō
self-service	**il self-service** ēl self-ser'vēs
to show	**mostrare** mōsträ're
small	**piccolo** pē'kōlō
smaller	**più piccolo** pyōō pē'kōlō
special offer	**l'offerta speciale** lōfer'tä spetshä'le
to take	**prendere** pren'dere
too	**troppo** trō'pō
(shop) window	**la vetrina** lä vetrē'nä

Colors and Patterns

beige	**beige** *(inv)* bej
black	**nero** ne'rō
blue	**blu** *(inv)* blōō
brown	**marrone** märō'ne
checked	**a quadri** ä kōō·ä'drē
colorful	**colorato** kōlōrä'tō
dark	**scuro** skōō'rō
gold	**dorato** dōrä'tō
gray	**grigio** grē'jō
green	**verde** ver'de
light	**chiaro** kyä'rō
light blue	**azzurro** ädzōō'rō
patterned	**fantasia** fäntäzē'ä
pink	**rosa** *(inv)* rō'zä
purple	**lilla** *(inv)* lē'lä
red	**rosso** rō'sō
silver	**argentato** ärjentä'tō
solid *(color)*	**in tinta unita** ēn tēn'tä ōōnē'tä
striped	**a righe** ä rē'ge
white	**bianco** byän'kō
yellow	**giallo** jä'lō

INFO Stores in Italy are generally open from 8:30 or 9 a.m. to 1 p.m., and then again from 4:30 or 5:30 p.m. to 8 p.m. In many towns grocery stores are closed on Thursday afternoons, and hairdressers and clothing stores are closed on Mondays.

Stores

antique store	**il negozio di antiquariato** ēl negō'tsyō dē äntēkōō·äryä'tō
bakery	**la panetteria, il forno** lä päneterē'ä, ēl fōr'nō
barbershop	**il barbiere** ēl bärbye're
bookstore	**la libreria** lä lēbrerē'ä
butcher's	**la macelleria** lä mätshelerē'ä
clothing store	**il negozio di abbigliamento** ēl negō'tsyō dē äbēlyämen'tō
confectionery	**la pasticceria** lä pästētsherē'ä
dairy store	**la latteria** lä läterē'ä
department store	**il grande magazzino** ēl grän'de mägätsē'nō
drugstore	**la drogheria** lä drōgerē'ä
dry cleaner's	**la lavanderia a secco** lä lävänderē'ä ä se'kō
fish store	**la pescheria** lä peskerē'ä
florist's	**il fioraio** ēl fyōrä'yō
vegetable store	**il negozio di frutta e verdura** ēl negō'tsyō dē frōō'tä e verdōō'rä

grocery store	**il negozio di generi alimentari** ēl negō'tsyō dē jen'erē älēmentä'rē
beauty shop	**il parrucchiere** ēl pärōōkye're
jewelry store	**la gioielleria** lä jōyelerē'ä
kiosk	**il chiosco** ēl kyō'skō
laundromat	**la lavanderia a gettone** lä lävänderē'ä ä jetō'ne
green market	**il mercato** ēl merkä'tō
music store	**il negozio di dischi** ēl negō'tsyō dē dē'skē
newsstand	**il giornalaio** ēl jōrnälä'yō
optician's	**l'ottico** lō'tēkō
perfume store	**la profumeria** lä prōfōōmerē'ä
camera store	**il negozio di articoli fotografici** ēl negō'tsyō dē ärtē'kōlē fōtōgrä'fētshē
shoe store	**il negozio di calzature** ēl negō'tsyō dē kältsätōō're
shoe-repair shop	**il calzolaio** ēl kältsōlä'yō
souvenir store	**il negozio di souvenir** ēl negō'tsyō dē sōōvenēr'
sporting-goods store	**il negozio di articoli sportivi** ēl negō'tsyō dē ärtē'kōlē spōrtē'vē
stationery store	**la cartoleria** lä kärtōlerē'ä
houseware store	**il negozio di casalinghi** ēl negō'tsyō dē käsälēn'gē
leather goods	**la pelletteria** lä peleterē'ä
supermarket	**il supermercato** ēl sōōpermerkä'tō
tobacconist's	**la tabaccheria** lä täbäkerē'ä

FOOD

What's that?	**Che cos'è quello?** ke kōse' kōō·e'lō?
Could I have ..., please?	**Per favore, mi dia ...** per fävō're, mē dē'ä ...
100 grams of ...	**un etto di ...** ōōn e'tō dē ...
250 grams of ...	**due etti e mezzo di ...** dōō'e e'tē e me'tsō dē ...
a pound *(500 grams)* of ...	**mezzo chilo di ...** me'tsō kē'lō dē ...
a kilo of ...	**un chilo di ...** ōōn kē'lō dē ...
a slice of ...	**una fetta di ...** ōō'nä fe'tä dē ...
a piece of ...	**un pezzo di ...** ōōn pe'tsō dē ...
a serving of ...	**una porzione di ...** ōō'nä pōrtsyō'ne dē ...
half a liter of ...	**mezzo litro di ...** me'tsō lē'trō dē ...
A little *less/more*, please.	**Un po' di *meno/più*, per favore.** ōōn pō dē *me'nō/pyōō*, per fävō're.
May I try some (of that), please?	**Lo posso assaggiare?** lō pō'sō äsäjä're?

INFO Normal bread in central Italy **(il filone di pane** ēl fēlō'ne dē pä'ne**)** is made without salt. Recently most places also offer **pane integrale** pä'ne ēntegrä'le (whole-wheat bread), **pane di segale** pä'ne dē se'gäle (rye bread), and breads made of various kinds of grains **(pane ai cinque cereali** pä'ne ī tshēn'kōō·e tshere·ä'lē**)**. **Panini all'olio** pänē'nē älō'lēō are small, soft rolls that are particularly good for sandwiches.

apple	**la mela** lä me'lä
– juice	**il succo di mele** ēl sōō'kō dē me'le
apricot	**l'albicocca** lälbēkō'kä
artichoke	**il carciofo** ēl kärtshō'fō
artificial sweetener	**il dolcificante** ēl dōlshēfēkän'te
avocado	**l'avocado** lävōkä'dō
baby food	**gli alimenti per la prima infanzia** lyē älēmen'tē per lä prē'mä ēnfän'tsyä
banana	**la banana** lä bänä'nä
basil	**il basilico** ēl bäzē'lēkō
beans	**i fagioli** ē fäjō'lē
broad –	**i fagioli bianchi** ē fäjō'lē byän'kē
green –	**i fagiolini** ē fäjōlē'nē
beef	**la carne di manzo** lä kär'ne dē män'tsō
beer	**la birra** lä bē'rä
non-alcoholic –	**la birra analcolica** lä bē'rä änälkō'lēkä
bread	**il pane** ēl pä'ne
– roll	**il panino** ēl pänē'nō
whole-wheat –	**il pane integrale** ēl pä'ne ēntegrä'le
broccoli	**i broccoli** ē brō'kōlē
butter	**il burro** ēl bōō'rō
cabbage	**il cavolo** ēl kä'vōlō
cake	**la torta** lä tōr'tä
canned goods	**lo scatolame** lō skätōlä'me
cheese	**il formaggio** ēl fōrmä'jō
cherries	**le ciliege** le tshēlye'je
chicken	**il pollo** ēl pō'lō

(hot) chocolate	**la cioccolata** lä tshōkōlä'tä
chop	**la cotoletta** lä kōtōle'tä
cocoa	**il cacao** ēl käkä'ō
coffee	**il caffè** ēl käfe'
cold cuts	**l'affettato** läfetä'tō
cookies	**i biscotti** ē bēskō'tē
corn	**il mais** ēl mä'ēs
cream	**la panna** lä pä'nä
cucumber	**il cetriolo** ēl tshetrē·ō'lō
cutlet	**la cotoletta** lä kōtōle'tä
dates	**i datteri** ē dä'terē
egg	**l'uovo, *pl:* le uova** lōō·ō'vō, *pl:* le ōō·ō'vä
eggplant	**la melanzana** lä meläntsä'nä
figs	**i fichi** ē fē'kē
fish	**il pesce** ēl pe'she
fruit	**la frutta** lä frōō'tä
garlic	**l'aglio** lä'lyō
grapes	**l'uva** lōō'vä
ground meat	**la carne macinata** lä kär'ne mätshēnä'tä
ham	**il prosciutto** ēl prōshōō'tō
boiled –	**il prosciutto cotto** ēl prōshōō'tō kō'tō
cured –	**il prosciutto crudo** ēl prōshōō'tō krōō'dō
honey	**il miele** ēl mye'le
jam	**la marmellata** lä märmelä'tä
juice	**il succo** ēl sōō'kō
ketchup	**il ketchup** ēl ke'tshäp
kiwi fruit	**il kiwi** ēl kē'uē
lamb	**la carne d'agnello** lä kär'ne dänye'lō

leek	**il porro** ēl pō'rō
lemon	**il limone** ēl lēmō'ne
lettuce	**la lattuga** lä lätōō'gä
margarine	**la margarina** lä märgärē'nä
mayonnaise	**la maionese** lä mäyōne'se
meat	**la carne** lä kär'ne
melon	**il melone** ēl melō'ne
milk	**il latte** ēl lä'te
skim –	**il latte scremato** ēl lä'te skremä'tō
mineral water	**l'acqua minerale** lä'kōō·ä mēnerä'le
nectarine	**la pescanoce** lä peskänō'tshe
nuts	**le noci** le nō'tshē
(rolled) oats	**i fiocchi d'avena** ē fyōkē däve'nä
oil	**l'olio** lō'lēō
olive	**l'oliva** lōlē'vä
– oil	**l'olio d'oliva** lō'lēō dōlē'vä
onion	**la cipolla** lä tshēpō'lä
orange	**l'arancia** lärän'tshä
– juice	**il succo d'arancia** ēl sōō'kō därän'tshä
oregano	**l'origano** lōrē'gänō
parsley	**il prezzemolo** ēl pretsemō'lō
pasta	**la pasta** lä pä'stä
pistachios	**i pistacchi** ē pēstä'kē
peach	**la pesca** lä pe'skä
peas	**i piselli** ē pēse'lē
pepper *(spice)*	**il pepe** ēl pe'pe
pepper *(vegetable)*	**il peperone** ēl peperō'ne
pineapple	**l'ananas** *m* länänäs'

pork	**la carne di maiale** lä kär'ne dē mäyä'le
potatoes	**le patate** le pätä'te
poultry	**il pollame** ēl pōlä'me
raspberries	**i lamponi** ē lämpō'nē
rice	**il riso** ēl rē'sō
salami	**il salame** ēl sälä'me
salt	**il sale** ēl sä'le
sandwich	**il panino imbottito** ēl pänē'nō ēmbōtē'tō
sausages	**le salsicce** le sälsē'tshe
soft drink	**la gassosa** lä gäsō'sä
spices	**le spezie** le spe'tsye
steak	**la bistecca** lä bēste'kä
strawberries	**le fragole** le frä'gōle
sugar	**lo zucchero** lō tsōō'kerō
tangerine	**la clementina** lä klementē'nä
tea	**il tè** ēl te
tomato	**il pomodoro** ēl pōmōdō'rō
tuna	**il tonno** ēl tō'nō
veal	**la carne di vitello** lä kär'ne dē vēte'lō
vegetables	**la verdura** lä verdōō'rä
vinegar	**l'aceto** lätshe'tō
watermelon	**il cocomero** ēl kōkō'merō
wine	**il vino** ēl vē'nō
red –	**il vino rosso** ēl vē'nō rō'so
white –	**il vino bianco** ēl vē'nō byän'kō
yogurt	**lo yogurt** lō yō'gōōrt
zucchini	**le zucchine** le tsōōkē'ne
zwieback	**la fetta biscottata** lä fe'tä bēskōtä'tä

SOUVENIRS

What's typical of this area?	**Che cosa c'è di tipico in questa zona?** ke kō'sä tshe dē tē'pēkō ēn kōō·e'stä dzō'nä?
Is this handmade?	**È fatto a mano?** e fä'tō ä mä'nō?
Is this *antique/genuine*?	**È *antico/autentico*?** e *äntē'kō/outen'tēkō*?

Souvenirs

arts and crafts	**l'artigianato artistico** lärtējänä'tō ärtē'stēkō
belt	**la cintura** lä tshēntōō'rä
Capodimonte porcelain	**la (porcellana) capodimonte** lä (pōrtshelä'nä) käpōdēmōn'te
ceramics	**la ceramica** lä tsherä'mēkä
copper pot	**il paiolo di rame** ēl päyō'lō dē rä'me
crafts	**l'artigianato** lärtējänä'tō
doily	**il centrino** ēl tshentrē'nō
genuine	**autentico** outen'tēkō
glass	**il vetro** ēl ve'trō
goblet	**il calice** ēl kä'lētshe
handbag	**la borsa** lä bōr'sä
handmade	**fatto a mano** fä'tō ä mä'nō
jewelry	**i gioielli** ē jōye'lē
lace	**il pizzo** ēl pē'tsō
leather	**la pelle** lä pe'le
plate *(for hanging on the wall)*	**il piatto murale** ēl pyä'tō mōōrä'le

rug	**il tappeto** ēl täpe'tō
shoulder bag	**la borsa a tracolla** lä bōr'sä ä träkō'lä
souvenir	**il souvenir** ēl sōōvenēr'
statuette	**la statuetta** lä stätōō·e'tä
straw hat	**il cappello di paglia** ēl käpe'lō dē pä'lyä
terracotta	**la terracotta** lä teräkō'tä
typical	**tipico** tē'pēkō

CLOTHES AND DRY CLEANER'S

I'm looking for ...	**Vorrei ...** vōre'ē ...
? **Che taglia porta?** ke tä'lyä pōr'tä? What size are you?	
I'm a size ...	**Ho la taglia ...** ō lä tä'lyä ...
Do you also have this in a size ... ?	**Ha anche la taglia ...?** ä än'ke lä tä'lyä ...?
Do you have this in another color?	**Ce l'ha anche di un altro colore?** tshe lä än'ke dē ōōn äl'trō kōlō're?
May I try this on?	**Lo posso provare?** lō pō'sō prōvä're?
Where is the mirror?	**Dov'è uno specchio?** dōve' ōō'nō spe'kyō?
What kind of material is this made of?	**Di che materiale è?** dē ke mäteryä'le e?
It doesn't fit.	**Non mi sta bene.** nōn mē stä be'ne.

It's too *big/small.*	**È troppo *grande/piccolo.*** e trō'pō *grän'de/pē'kōlō.*
This fits perfectly.	**Questo va bene.** kōō·e'stō vä be'ne.
I'd like this dry-cleaned.	**Vorrei far lavare a secco questo.** vōre'ē fär lävä're ä se'kō kōō·e'sto.
Can you get rid of this stain?	**Può togliere questa macchia?** pōō·ō' tōlye're kōō·e'stä mä'kyä?

Clothes and Dry Cleaners

belt	**la cintura** lä tshēntōō'rä
blazer	**il blazer** ēl ble'zä
blouse	**la camicetta** lä kämētshe'tä
bra	**il reggiseno** ēl rejēse'nō
cap	**il berretto** ēl bere'tō
coat	**il cappotto** ēl käpō'tō
collar	**il collo** ēl kō'lō
color	**il colore** ēl kōlō're
cotton	**il cotone** ēl kōtō'ne
dress	**il vestito** ēl vestē'tō
to dry-clean	**lavare a secco** lävä're ä se'kō
elegant	**elegante** elegän'te
to fit	**stare bene** stä're be'ne
gloves	**i guanti** ē gōō·än'tē
hat	**il cappello** ēl käpe'lō
jacket	**la giacca** lä jä'kä
jeans	**i jeans** ē jēnz
leather	**la pelle** lä pe'le

linen	**il lino** ēl lē'nō
long	**lungo** lōōn'gō
material	**il materiale** ēl mäteryä'le
nightgown	**la camicia da notte** lä kämē'tshä dä nō'te
pajamas	**il pigiama** ēl pējä'mä
panties	**lo slip** lō slēp
pants	**i pantaloni** ē päntälō'nē
pantyhose	**il collant** ēl kōlän'
permanent press	**non-stiro** nōn-stē'rō
scarf *(silky)*	**il foulard** ēl fōōlär'
scarf *(woolen)*	**la sciarpa** lä shär'pä
shirt	**la camicia** lä kämē'tshä
short	**corto** kōr'tō
shorts	**gli shorts** lyē shōrts
silk	**la seta** lä se'tä
size	**la taglia** lä tä'lyä
skirt	**la gonna** lä gō'nä
sleeves	**le maniche** le mä'nēke
long –	**le maniche lunghe** le mä'nēke lōōn'ge
short –	**le maniche corte** le mä'nēke kōr'te
socks	**i calzini** ē kältsē'nē
stockings	**le calze** le käl'tse
sun hat	**il cappello da sole** ēl käpe'lō dä sō'le
sweater	**il maglione** ēl mälyō'ne
sweatpants	**i pantaloni della tuta** ē päntälō'nē de'lä tōō'tä
sweatsuit	**la tuta da ginnastica** lä tōō'tä dä jēnä'stēkä

T-shirt	**la maglietta** lä mälye'tä
terry cloth	**la spugna** lä spōō'nyä
tie	**la cravatta** lä krävä'tä
to try on	**provare** prōvä're
underpants	**le mutande** le mōōtän'de
Windbreaker®	**la giacca a vento** lä jä'kä ä ven'tō
wool	**la lana** lä lä'nä

➡ *see also: Word list General Vocabulary (p. 141), Word list Colors and Patterns (p. 142)*

SHOES

I'd like a pair of … **Vorrei un paio di …** vōre'ē ōōn pä'yō dē …

? **Che numero di scarpe ha?** ke nōō'merō dē skär'pe ä? — What is your shoe size?

My size is … **Ho il numero …** ō ēl nōō'merō …

The heel is too *high/low* for me. **Il tacco è troppo *alto/basso*.** ēl tä'kō e trō'pō *äl'tō/bä'sō*.

They're too *big/small*. **Sono troppo *grandi/piccole*.** sō'nō trō'pō *grän'dē/pē'kōle*.

They're too tight around here. **Mi fanno male qui.** mē fä'nō mä'le kōō·ē'.

Would you fix the heels, please?	**Mi rifaccia i tacchi, per favore.** mē rēfä'tshä ē tä'kē, per fävō're.
Could you re-sole the shoes, please?	**Me le può risuolare, per favore?** me le pōō·ō' rēsōō·ōlä're, per fävō're?

Shoes

boots	**gli stivali** lyē stēvä'lē
thongs	**le scarpette da bagno** le skärpe'tē dä bä'nyō
heel	**il tacco** ēl tä'kō
hiking boots	**le scarpe da escursioni** le skär'pe dä eskōōrsyō'nē
leather	**il cuoio** ēl kōō·ō'yō
– sole	**la suola di cuoio** lä sōō·ō'lä dē kōō·ō'yō
mountain climbing boots	**gli scarponi da montagna** lyē skärpō'nē dä mōntä'nyä
pair	**il paio** ēl pä'yō
pumps	**le scarpe decolleté** le skärpe dekōlte'
rubber sole	**la suola di gomma** lä sōō·ō'lä dē gō'mä
sandals	**i sandali** ē sändä'lē
shoe polish	**il lucido da scarpe** ēl lōō'tshēdō dä skär'pe
shoelaces	**i lacci per le scarpe** ē lä'tshē per le skär'pe
shoes	**le scarpe** le skär'pe
size	**il numero** ēl nōō'merō
sneakers	**le scarpe da ginnastica** le skär'pe dä jēnä'stēkä

WATCHES AND JEWELRY

My watch is *fast/slow*. — **Il mio orologio va *avanti/indietro*.** ēl mē'ō ōrōlō'jō vä *ävän'tē/ēndye'trō*.

I'm looking for a nice *souvenir/present*. — **Vorrei un bel ricordino/regalo.** vōre'ē ōōn bel rēkōrdē'nō/regä'lō.

? **Quanto vuole spendere?** kōō·an'tō vōō·ō'le spen'dere? — How much would you like to pay?

What's this made of? — **Di che materiale è?** dē ke mäteryä'le e?

Watches and Jewelry

alarm clock	**la sveglia** lä sve'lyä
battery	**la pila** lä pē'lä
bracelet	**il bracciale** ēl brätshä'le
brass	**l'ottone** lōtō'ne
brooch	**la spilla** lä spē'la
chain	**la catenina** lä kätenē'nä
clip-on earrings	**gli orecchini a clip** lyē ōrekē'nē ä klēp
costume jewelry	**la bigiotteria** lä bējōterē'ä
earrings	**gli orecchini** lyē ōrekē'nē
gold	**l'oro** lō'rō
gold-plated	**placcato in oro** pläkä'tō ēn ō'rō
jewelry	**i gioielli** ē jōye'lē
necklace	**la collana** lä kōlä'nä
pendant	**il ciondolo** ēl tshōn'dōlō
ring	**l'anello** läne'lō

silver	**l'argento** lärjen'tō
silver-plated	**placcato in argento** pläkä'tō ēn ärjen'tō
watch	**l'orologio** lōrōlō'jō
–band	**il cinturino** ēl tshēntōōre'nō

PERSONAL HYGIENE AND HOUSEHOLD

INFO In Italy there is nothing exactly like the drugstores in America. You will find some things in the **drogheria** drōgerē'ä. Otherwise you can purchase articles for personal hygiene and for infant care at the **farmacia** färmätshē'ä (pharmacy), and soaps and other cosmetic articles in the **profumeria** profōōmerē'ä (perfume store) or at the supermarket.

Personal Hygiene

aftershave	**il dopobarba** ēl dōpōbär'bä
baby bottle	**il biberon** ēl bēberōn!
– nipple	**la tettarella** lä tetäre'lä
baby oil	**l'olio emolliente** lō'lēō emōlyen'te
baby powder	**il borotalco** ēl bōrōtäl'kō
barrette	**il fermaglio per i capelli** ēl fermä'lyō per ē käpe'lē
bath and shower gel	**il gel per la doccia** ēl jel per lä dō'tshä
bib	**il bavaglino** ēl bävälyē'nō
blusher	**il fard** ēl färd

body lotion	**la lozione per il corpo** lä lōtsyō'ne per ēl kōr'pō
brush	**la spazzola** lä spä'tsōlä
cleansing cream	**il latte detergente** ēl lä'te deterjen'te
comb	**il pettine** ēl pe'tēne
condoms	**i profilattici, i preservativi** ē prōfēlä'tētshē, ē preservätē'vē
cotton	**il cotone idrofilo** ēl kōtō'ne ēdrō'fēlō
– pads	**i dischetti uso cosmetico** ē dēske'tē ōō'zō kōsme'tēkō
deodorant	**il deodorante** ēl de·ōdōrän'te
detergent	**il detersivo** ēl detersē'vō
diapers	**i pannolini** ē pänōlē'nē
eye shadow	**l'ombretto** lōmbre'tō
fragrance-free	**non profumato** nōn prōfōōmä'tō
hair drier	**l'asciugacapelli** *m* läshōōgäkäpe'lē
hair-styling gel	**il gel per capelli** ēl jel per käpe'lē
hair-styling mousse	**la schiuma (fissante)** lä skyōō'mä (fēsän'te)
hairband	**l'elastico per i capelli** lelä'stēkō per ē käpe'lē
hairspray	**la lacca** lä lä'kä
handcream	**la crema per le mani** lä kre'mä per le mä'nē
handkerchief	**il fazzoletto** ēl fatsōle'tō
lip balm	**il burro cacao** ēl bōō'rō käkä'ō
lipstick	**il rossetto** ēl rōse'tō
mascara	**il mascara** ēl mäskä'rä
mirror	**lo specchio** lō spe'kyō

mosquito repellent	**il fornellino antizanzare** ēl fōrnelē'nō äntēdzändzä're
nail file	**la limetta per le unghie** lä lēme'tä per le ōōn'gye
nail polish	**lo smalto per le unghie** lō zmäl'tō per le ōōn'gye
– remover	**il solvente per lo smalto** ēl sōlven'te per lō zmäl'tō
nail scissors	**le forbici per le unghie** le fōr'bētshē per le ōōn'gye
pacifier	**il succhietto** ēl sōōkye'tō
paper towels	**gli asciugamani usa e getta** lyē äshōōgämä'nē ōō'zä e je'tä
perfume	**il profumo** ēl prōfōō'mō
pH-balanced	**pH-neutro** pē-ä'kä-ne'ōōtrō
plaster	**il cerotto** ēl tsherō'tō
powder	**la cipria** lä tshēp'rē·ä
razor	**il rasoio** ēl räsō'yō
– blade	**la lametta** lä läme'tä
sanitary napkins	**gli assorbenti igienici** lyē äsōrben'tē ēje'nētshē
shampoo	**lo shampoo** lō shäm'pō
skin cream	**la crema per la pelle** lä kre'mä per lä pe'le
– for dry skin	**la crema per pelli secche** lä kre'mä per pe'lē se'ke
– for oily skin	**la crema per pelli grasse** lä kre'mä per pe'lē grä'se
soap	**la saponetta** lä säpōnē'tä

SPF (sun protection factor)	**il fattore di protezione** ēl fätō're dē prōtetsēō'ne
suntan cream	**la crema solare** lä kre'mä sōlä're
suntan gel	**il gel solare** ēl jel sōlä're
suntan lotion	**il latte solare** ēl lä'te sōlä're
tampons	**i tamponi** ē tämpō'nē
tissues	**i fazzoletti da strucco, – di carta** ē fätsōle'tē dä strōō'kō dē kär'tä
toilet paper	**la carta igienica** lä kär'tä ēje'nēkä
toothbrush	**lo spazzolino da denti** lō spätzōlē'nō dä den'tē
toothpaste	**il dentifricio** ēl dentēfrē'tshō
towel	**l'asciugamano** läshōōgämä'nō
tweezers	**le pinzette** le pēntse'tē
washcloth	**il guanto di spugna** ēl gōō·än'tō dē spōō'nyä

Household

adapter	**l'adattatore** ***m*** lädätätō're
alarm clock	**la sveglia** lä zve'lyä
aluminum foil	**il foglio di alluminio** ēl fō'lyō dē älōōmē'nyō
battery	**la pila** lä pē'lä
bottle opener	**l'apribottiglie** ***m*** läprēbōtē'lye
broom	**la scopa** lä skō'pä
bucket	**il secchio** ēl se'kyō
can opener	**l'apriscatole** ***m*** läprēskä'tōle
candle	**la candela** lä kände'lä

charcoal	**la carbonella** lä kärbōne'lä
cleaning products	**il detersivo** ēl detersē'vō
clothes line	**il filo per stendere i panni** ēl fē'lō per sten'dere ē pä'nē
clothes pins	**le mollette (per i panni)** le mōle'te (per ē pä'nē)
corkscrew	**il cavatappi** ēl kävätä'pē
cup	**la tazza** lä tä'tsä
paper –	**il bicchiere di carta** ēl bēkye're dē kär'tä
detergent	**il detersivo** ēl detersē'vō
dish-washing liquid	**il detersivo per le stoviglie** ēl detersē'vō per le stōvē'lye
dishcloth	**lo strofinaccio** lō strōfēnä'tshō
extension cord	**la prolunga** lä prōlōōn'gä
flashlight	**la lampada tascabile** lä läm'pädä täskä'bēle
fork	**la forchetta** lä fōrke'tä
gas cartridge	**la cartuccia per il fornellino a gas** lä kärtōō'tshä per ēl fōrnelē'nō ä gäs
glass	**il bicchiere** ēl bēkye're
grill	**il grill** ēl grēl
knife	**il coltello** ēl kōlte'lō
light bulb	**la lampadina** lä lämpädē'nä
lighter	**l'accendino** lätshendē'nō
matches	**i fiammiferi** ē fyämē'ferē
mosquito net	**la zanzariera** lä dzändzärye'rä
napkins	**i tovaglioli** ē tōvälyō'lē
pan	**la padella** lä päde'lä

plastic cutlery	**le posate di plastica** le pōsä'te de plä'stēkä
plate	**il piatto** ēl pyä'tō
paper –	**i piatti di carta** ē pyä'tē dē kär'tä
pocket knife	**il coltello tascabile** ēl kōlte'lō täskä'bēle
pot	**la pentola** lä pen'tōlä
safety pin	**lo spillo da balia** lō spē'lō dä bä'lyä
scissors	**le forbici** lē fōr'bētshē
scrubbing brush	**lo spazzolone** lō spätsōlō'ne
sewing needle	**l'ago** lä'gō
solid fire lighter	**l'accendifuoco** lätshendēfōō·ō'kō
spoon	**il cucchiaio** ēl kōōkyä'yō
string	**lo spago** lō spä'gō
thread	**il filo da cucito** ēl fē'lō dä kōōtshē'tō
toothpick	**lo stuzzicadenti** lō stōōtsēkäden'tē

AT THE OPTICIAN'S

My glasses are broken.	**Mi si sono rotti gli occhiali.** mē sē sō'nō rō'tē lyē ōkyä'lē.
Can you fix this?	**Me lo può aggiustare?** me lō pōō·ō' äjōōstä're?
I'm *nearsighted/ farsighted.*	**Sono *miope/presbite.*** sō'nō *mē'ōpe/prez'bēte.*

'd like a pair of *sun-lasses/prescription unglasses.*

Vorrei un paio di occhiali *da sole/da vista con filtro solare.* vōre'ē ōōn pä'yō dē ōkyä'lē *dä sō'le/dä vē'stä kōn fēl'trō sōlä're.*

've *lost/broken* a ontact lens.

***Ho perso/Mi si è rotta* una lente a contatto.** *ō per'sō/mē sē e rō'tä* ōō'nä len'te ä kōntä'tō.

need some *insing/cleaning* olution for *hard/soft* ontact lenses.

Ho bisogno di una soluzione *per la conservazione/detergente* per lenti a contatto *rigide/morbide.* ō bēzō'nyō dē ōō'nä sōlōōtsyō'ne *per lä kōnservätsēō'ne/deterjen'te* per len'tē ä kōntä'tō *rē'jēde/mōr'bēde.*

AT THE HAIRDRESSER'S

'd like to make an ppointment for ...

Vorrei un appuntamento per ... vōre'ē ōōn äpōōntämen'tō per ...

? **Che cosa deve fare?** ke kō'sä de've fä're?

What would you like to have done?

Just a trim, please.

Soltanto il taglio. sōltän'tō ēl tä'lyō.

'd like it washed, cut and blow-dried, please.

Taglio, shampoo e fon, per favore. tä'lyō, shäm'pō e fōn, per fävō're.

? **Come vuole tagliarli?** kō'me vōō·ō'le tälyär'lē?

How do you want it cut?

I'd like ...	**Vorrei ...** vōre'ē
a perm.	**una permanente.** ōō'nä permänen'te
some highlights put in.	**farmi le mèche.** fär'mē le mesh.
to have a color rinse.	**dei riflessi.** de'ē rēfle'sē.
Not too short, please.	**Non troppo corti, per favore.** nōn trō'pō kōr'tē, per fävō're.
A little shorter, please.	**Un po' più corti, per favore.** ōōn pō pyōō kōr'tē, per fävō're.
Could you make the ... a bit shorter, please?	**Li sfoltisca un po' ..., per favore.** lē sfōltē'skä ōōn pō ..., per fävō're.
back	**dietro** dye'trō
front	**davanti** däven'tē
sides	**ai lati** ī lä'tē
top	**sopra** sō'prä
Part it on the *left/right*, please.	**Faccia la riga a *sinistra/destra*, per favore.** fä'tshä lä rē'gä ä *sēnēs'trä/des'trä*, per fävō're.
Please trim my beard.	**Mi tagli la barba, per favore.** mē tä'lyē lä bär'bä, per fävō're.
Please give me a shave.	**La barba, per favore.** lä bär'bä, per fävō're.

bangs	**la frangetta** lä fränje'tä
beard	**la barba** lä bär'bä
black	**nero** ne'rō
blond(e)	**biondo** byōn'dō
to blow-dry	**asciugare con il fon** äshōōgä're kōn ēl fōn
chestnut (brown)	**castano** kästä'nō
color rinse	**il riflessante** ēl rēflesän'te
to cut	**tagliare** tälyä're
dandruff	**la forfora** lä fōr'fōrä
to dye	**tingere** tēn'jere
hair	**i capelli** ē käpe'lē
– cut	**il taglio** ēl tä'lyō
dry –	**i capelli secchi** ē käpe'lē se'kē
oily –	**i capelli grassi** ē käpe'lē grä'sē
– spray	**la lacca** lä lä'kä
– style	**la pettinatura** lä petēnätōō'ra
highlights	**le mèche** le mesh
moustache	**i baffi** ē bä'fē
part *(in hair)*	**la riga** lä rē'gä
perm	**la permanente** lä permänen'te
razor cut	**il taglio con il rasoio** ēl tä'lyō kōn ēl räsō'yō
to set in curlers	**mettere in piega** me'tere ēn pye'gä
shampoo	**lo shampoo** lō shäm'pō
to shave	**fare la barba** fä're lä bär'ba
to wash	**lavare** lävä're

PHOTO AND VIDEO

I'd like …	**Vorrei …** vōre'ē
a memory card.	**una memory card.** ōō'na mämōre kääd.
a roll of film for this camera.	**una pellicola per questa macchina fotografica.** ōō'na pelē'kōlä per kōō·e'stä mä'kēnä fōtōgrä'fēkä.
a *color/black-and-white* film.	**una pellicola *a colori/in bianco e nero.*** ōō'nä pelē'kōlä *ä kōlō'rē/ēn byän'kō e ne'rō.*
a slide film.	**una pellicola per diapositive.** ōō'nä pelē'kōlä per dē·äpōzētē've.
a *24/36* exposure film.	**una pellicola da *ventiquattro/trentasei* pose.** ōō'nä pelē'kōlä dä *ventēkōō·ä'trō/trentäse'*ē pō'se.
a …ASA film.	**una pellicola da … ASA.** ōō'nä pelē'kōlä dä … ä'sä.
I'd like some batteries for this camera.	**Vorrei delle pile per questa macchina fotografica.** vōre'ē de'le pē'le per kōō·e'stä mä'kēnä fōtōgrä'fēkä.
Could you please put the film in for me?	**Mi potrebbe inserire la pellicola, per favore?** mē pōtre'be ēnserē're lä pelē'kōlä, per fävō're?
I'd like to get this film developed.	**Vorrei far sviluppare questo rullino.** vōre'ē fär zvēlōōpä're kōō·e'stō rōōlē'nō.

ust develop the egatives, please.	**Soltanto le negative, per favore.** sōltän'tō le negätē've, per fävō're.
'd like a … x … icture from each egative, please.	**Una stampa di ogni negativa, formato … per …, per favore.** ōō'na stäm'pä dē ō'nyē negätē'vä, formä'tō … per …, per fävō're.

? Lucido od opaco? Glossy or silk finish?
lōō'tshēdo ōd ōpä'kō?

When will the pictures be ready?	**Quando saranno pronte le foto?** kōō·än'dō särä'nō prōn'te le fō'tō?
Could you repair my camera?	**Mi potrebbe riparare la macchina fotografica?** mē pōtre'be rēpärä're lä mä'kēnä fōtōgrä'fēkä?
The film doesn't wind forward.	**La pellicola non scorre.** lä pelē'kōlä nōn skō're.
The *shutter release/ flash* doesn't work.	***Lo scatto/Il flash* non funziona.** *lō skä'tō/ēl flesh* nōn fōōntsyō'nä.
I'd like to have passport photos taken.	**Vorrei farmi delle foto formato tessera.** vōre'ē fär'mē de'le fō'tō fōrmä'tō te'serä.
Do you have any … by …?	**Avete … di …?** äve'te … dē …?
CD's	**dei compact disc** de'ē kōm'päkt dēsk
cassettes	**delle cassette** de'lē käse'te
records	**dei dischi** de'ē dē'skē

Do you have the latest cassette by …	**Vorrei l'ultima cassetta di …** vōre'ē lōōl'tēmä käse'tä dē …
I'm interested in folk music. What would you recommend?	**Mi interessa molto la musica tradizionale. Potrebbe consigliarmi qualcosa?** mē ēntere'sä mōl'tō lä mōō'zēkä trädētsyōnä'le. pōtre'be kōnsēlyär'mē kōō·älkō'sä?

Photo and Video

automatic shutter	**l'autoscatto** loutōskä'tō
battery	**la pila** lä pē'lä
camera	**la macchina fotografica** lä mä'kenä fōtōgrä'fēkä dejetäle
cassette	**la cassetta** lä käse'tä
CD	**il compact disc** ēl kōm'päkt dēsk
to develop	**sviluppare** zvēlōōpä're
digital camera	**la macchina fotografica digitale** lä mä'kenä fōtōgrä'fēkä dejetä'le
to expose	**esporre** espō're
film	**la pellicola** lä pelē'kōlä
black-and-white –	**la pellicola in bianco e nero** lä pelē'kōlä ēn byän'kō e ne'rō
color –	**la pellicola a colori** lä pelē'kōlä ä kōlō'rē
slide –	**la pellicola per diapositive** lä pelē'kōlä per dē·äpōzētē've
to film	**filmare** fēlmä're
flash	**il flash** ēl flesh
lens	**l'obiettivo** lōbyetē'vō

light meter	**l'esposimetro** lespōzēm'etrō
movie camera	**la cinepresa** lä tshēnepre'sä
music	**la musica** lä mōō'zēkä
negative	**il negativo** ēl negätē'vō
picture	**la foto** lä fō'tō
radio	**la radio** lä rä'dyō
shutter	**lo scatto** lō skä'tō
slide	**la diapositiva** lä dē·äpōzētē'vä
UV filter	**il filtro UV** ēl fē'ltrō ōō·vē'
VHS	**VHS** vōō-ä'kä-e'se
videocamera	**la videocamera** lä vēde·ōkä'merä
videocassette	**la videocassetta** lä vēde·ōkäse'tä
Walkman®	**il Walkman®** ēl vōōk'men
wide-angle lens	**il grandangolare** ēl gründän·gōlä're
zoom lens	**il teleobiettivo** ēl tele·ōbyetē'vō

READING AND WRITING

I'd like ...	**Vorrei ...** vōre'ē ...
an *American/English* newspaper.	**un giornale *americano/inglese*.** ōōn jōrnä'le *ämerēkä'nō/ēn·gle'se.*
an *American/English* magazine.	**una rivista *americana/inglese*.** ōō'nä rēvē'stä *ämerēkä'nä/en·gle'se.*
a map of the area.	**una cartina di questa zona.** ōō'nä kärtē'nä dē kōō·e'stä dzō'nä.

Do you have a more current issue?	**Ha anche un giornale più recente?** ä än'ke ōōn jōrnä'le pyōō retshen'te?
Do you have any books in English?	**Avete anche dei libri in inglese?** äve'te än'ke de'ē lē'brē ēn ēn·gle'se?
Do you have stamps?	**Si possono comprare anche i francobolli qui?** sē pō'sōnō kōmprä're än'ke ē fränkōbō'lē kōō·ē'?

Reading and Writing

adhesive tape	**il nastro adesivo** ēl näs'trō ädezē'vō
ball-point pen	**la penna a sfera** lä pe'nä ä sfe'rä
board game	**il gioco di società** ēl jō'kō dē sōtsh·etä'
book	**il libro** ēl lē'brō
color pencil	**la matita colorata** lä mätē'tä kōlōrä'tä
coloring book	**l'album *m* da colorare** läl'bōōm dä kōlōrä're
cookbook	**il libro di cucina** ēl lē'brō dē kōōtshē'nä
dictionary	**il dizionario** ēl dētsyōnär'yō
drawing pad	**l'album *m* da dissegno** läl'bōōm dä dēse'nyō
envelope	**la busta** lä bōō·stä
eraser	**la gomma per cancellare** lä gō'mä per käntshelä're
felt-tip pen	**il pennarello** ēl penäre'lō
glue	**la colla** lä kō'lä
ink cartidges	**le cartucce per la stilografica** le kärtōō'tshe per lä stēlōgrä'fēkä
magazine	**la rivista** lä rēvē'sta

map	**la carta** lä kär'tä
– of bicycle routes	**la carta dei percorsi ciclabili** lä kär'tä de'ē perkōr'sē tshēklä'bēlē
city –	**la cartina della città** lä kärtē'nä de'lä tshētä'
– of hiking trails	**la carta dei percorsi escursionistici** lä kär'tä de'ē perkōr'sē eskōōrsyōnē'stētshē
newspaper	**il giornale (quotidiano)** ēl jōrnä'le (kōō·ōtēdyä'nō)
note pad	**il bloc-notes** ēl blōk-nō'tes
novel	**il romanzo** ēl rōmän'tsō
detective –	**il giallo** ēl jä'lō
paper	**la carta** lä kär'tä
airmail –	**la carta da lettere per posta aerea** lä kär'tä dä le'tere per pō'stä ä·e're·ä
pencil	**la matita** lä mätē'tä
– sharpener	**il temperamatite** ēl temperämätē'te
picture book	**il libro illustrato** ēl lē'brō ēlōōströ'tō
playing cards	**le carte da gioco** le kär'te dä jō'kō
postcard	**la cartolina** lä kärtōlē'nä
road map	**la carta stradale** lä kär'tä strädä'le
stamp	**il francobollo** ēl fränkōbō'lō
travel guide	**la guida** lä gōō·ē'dä
wrapping paper	**la carta da regalo** lä kär'tä dä regä'lō
writing paper	**la carta da lettere** lä kär'tä dä le'tere

AT THE TOBACCONIST'S

Do you have any American cigarettes?

Ha sigarette americane? ä sēgäre'te ämerēkä'ne?

A pack of ..., *filtered/unfiltered* cigarettes, please.

Un pacchetto di sigarette *con/senza* filtro, per favore. ōōn päke'tō dē sēgäre'te *kōn/sen'tsä* fēl'trō, per fävō're.

INFO You can purchase cigarettes in the **tabaccheria** täbäkerē'ä (tobacconist's) and in bars designated as a **bar tabaccheria** bär täbäkerē'ä by a blue sign with a white "T." You can also get stamps in either of these.

A pack/A carton of ..., please.

***Un pacchetto/Una stecca* di ..., per favore.** *ōōn päke'tō/ōō'nä ste'kä* dē ..., per fävō're.

A package of ... *pipe/cigarette* tobacco, please.

Un pacchetto di tabacco *da pipa/per sigarette*, per favore. ōōn päke'tō dē täbä'kō *dä pē'pä/per sēgäre'te*, per fävō're.

Could I have *a box of matches/a lighter*, please?

***Una scatola di fiammiferi/Un accendino*, per favore.** *ōō'nä skä'tōlä dē fyämē'ferē/ōōn ätshendē'nō*, per fävō're.

Entertainment and Sports

SWIMMING AND WATER SPORTS

At the Beach

Is there a beach nearby?

C'è una spiaggia qui vicino? tshe ōō'nä spyä'jä kōō·ē' vētshē'no?

How do you get to the beach?

Come si arriva alla spiaggia? kō'me sē ärē'vä ä'lä spyä'jä?

INFO In Italy there are **spiagge private** spyä'je prēvä'te (private beaches) which you may not use because they belong to private citizens or hotels. The **stabilimenti balneari** stäbēlēmen'tē bälne·ä'rē are sections of beach that are watched over and cleaned privately or by companies. If you wish to visit one of these beaches, you are required to rent a space with an umbrella and a lounge chair. Only the **spiagge libere** spyä'je lē'bere (public beaches) may be used at no cost.

Is there any shade there?

C'è un po' d'ombra? tshē ōōn pō dōm'brä?

How *deep/warm* is the water?

Quant'è *alta/calda* l'acqua? kōō·änte' *äl'tä/käl'dä* lä'kōō·ä?

Are there strong currents here?

Ci sono delle correnti? tshē sō'nō de'le kōren'tē?

Is it dangerous for children?

È pericoloso per i bambini? e perēkōlō'sō per ē bämbē'nē?

Are there jellyfish around here?

Ci sono meduse? tshē sō'nō medōō'ze?

Where can I rent ...?

Dove si può noleggiare ...? dō've sē pōō·ō' nōlejä're ...?

I'd like to rent a *lounge chair/beach umbrella.*

Vorrei noleggiare *una sedia a sdraio/un ombrellone.* vōre'ē nōlejä're *ōō'nä se'dyä ä zdrä'yō/ōōn ōmbrelō'ne.*

I'd like to go waterskiing.

Vorrei fare dello sci acquatico. vōre'ē fä're de'lō shē äkōō·ä'tēkō.

I'd like to take *scuba diving/windsurfing* lessons.

Vorrei fare un corso di *nuoto subacqueo/surf.* vōre'ē fä're ōōn kōr'sō dē *nōō·ō'tō sōōbäkōō·ē'ō/serf.*

Would you keep an eye on my things for a moment, please?

Per favore, starebbe attento alle mie cose per un attimo? per fävō're, stäre'be äten'tō ä'le mē'e kō'se per ōōn ä'tēmō?

At the Swimming Pool

Is there an *indoor/outdoor* pool nearby?

C'è una piscina *all'aperto/coperta* qui vicino? tshe ōō'nä pēshē'nä *äläper'tō/kōper'tä* kōō·ē vētshē'nō?

How much does it cost to get in?

Quanto costa il biglietto d'ingresso? kōō·än'tō kō'stä ēl bēlye'tō dēngre'sō?

What coins do I need for the *lockers/hair-dryers*?

Che monete ci vogliono per *gli armadietti/l'asciugacapelli*? ke mōne'te tshē vōl'yōnō per *lyē ärmädye'tē/läshōōgäkäpe'lē*?

Is there also a sauna here?	**C'è anche la sauna?** tshe än'ke lä sou'nä?
I'd like to rent ...	**Vorrei noleggiare ...** vōre'ē nōlejä're ...
a bathing cap.	**una cuffia.** ōō'nä kōō'fyä.
a towel.	**un asciugamano.** ōōn äshōōgämä'nō.
some water wings.	**dei bracciali salvagente.** de'ē brätshä'lē sälväjen'te.
Where's the *lifeguard/ first-aid station*?	**Dov'è il *bagnino/posto di pronto soccorso*?** dōve' ēl *bänyē'no/pō'stō dē prōn'tō sōkōr'sō*?

Swimming and Water Sports

air mattress	**il materassino pneumatico** ēl mäteräsē'nō pnē·ōōmä'tēkō
bathing cap	**la cuffia** lä kōō'fyä
bathing suit	**il costume da bagno** ēl kōstōō'me dä bä'nyō
beach	**la spiaggia** lä spyä'jä
– umbrella	**l'ombrellone** lōmbrelō'ne
bikini	**il bikini** ēl bēkē'nē
boat	**la barca** lä bär'kä
– rental	**il noleggio di barche** ēl nōle'jō dē bär'ke
calm	**calmo** käl'mō
changing room	**la cabina** lä käbē'nä
current	**la corrente** lä kōren'te
dangerous	**pericoloso** perēkōlō'sō
deckchair	**la sedia a sdraio** lä se'dyä ä zdrä'yō

diving board	**il trampolino** ēl trämpōlē'nō
diving gear	**l'equipaggiamento da sub** lekōō·ēpäjämen'tō dä sōōb
to go fishing	**pescare** peskä're
fishing boat	**il peschereccio** ēl peskere'tshō
flippers	**le pinne** le pē'ne
heated spa	**il bagno termale** ēl bä'nyō termä'le
inflatable boat	**il canotto pneumatico** ēl känō'tō pne·ōōmä'tēkō
jellyfish	**la medusa** lä medōō'zä
lifesaver	**il salvagente** ēl sälväjen'te
motorboat	**il motoscafo** ēl mōtōskä'fō
non-swimmer	**i non nuotatori** ē nōn nōō·ōtätō'rē
nudist beach	**la spiaggia per nudisti** lä spyä'jä per nōōdē'stē
outdoor pool	**la piscina all'aperto** lä pēshē'nä äläper'tō
pedal boat	**il pattino a pedali** ēl pätē'nō ä pedä'lē
rocks *(large)*	**gli scogli** ***m/pl*** lyē skōlyē
rough *(sea)*	**mosso** mō'sō
rowboat	**la barca a remi** lä bär'kä ä re'mē
to go sailing	**praticare la vela** prätēkä're lä ve'lä
sailboat	**la barca a vela** lä bär'kä ä ve'lä
sand	**la sabbia** lä sä'byä
sandy beach	**la spiaggia con la sabbia** lä spyä'jä kōn lä sä'byä
sauna	**la sauna** lä sou'nä
to go scuba diving	**fare nuoto subacqueo** fä're nōō·ō'tō subä'kōō·ō
sea	**il mare** ēl mä're

– urchin	**il riccio di mare** ēl rē'tshō dē mä're
shade	**l'ombra** lōm'brä
shells	**le conchiglie** le kōnkē'lye
shower	**la doccia** lä dō'tshä
snorkel	**il respiratore** ēl respērätō're
storm warning	**il segnale di tempesta** ēl senyä'le dē tempe'stä
surfboard	**la tavola da surf** lä tä'vōlä dä serf
to go swimming *(as a sport)*	**nuotare** nōō·ōtä're
to go swimming *(for pleasure)*	**fare il bagno** fä're ēl bä'nyō
swimming pool	**la piscina** lä pēshē'nä
swimming trunks	**il costume da bagno** ēl kōstōō'me dä bä'nyō
tide	**la marea** lä märe'ä
high –	**l'alta marea** läl'tä märe'ä
low –	**la bassa marea** lä bä'sä märe'ä
towel	**l'asciugamano** läshōōgämä'nō
water	**l'acqua** lä'kōō·ä
– polo	**la pallanuoto** lä pälänōō·ō'tō
– skiing	**lo sci acquatico** lō shē äkōō·ä'tēkō
– wings	**i bracciali salvagente** ē brätshä'lē sälväjen'te
wave	**l'onda** lōn'dä
wet suit	**la tuta subacquea** lä tōō'tä sōōbä'kōōe·ä
wicker beach chair	**la poltroncina da spiaggia** lä pōltrōntshē'nä dä spyä'jä
wind-surfing school	**la scuola di surf** lä skōō·ō'lä dē serf

MOUNTAINEERING

I'd like to take a ... hour hike.

Vorrei fare un'escursione di ... ore.
vōre'ē fä're ōōneskōōrsyō'ne dē ... ō're.

I'd like to *go to/climb* ...

Vorrei andare *a/su* ...
vōre'ē ändä're *ä/sōō* ...

Can you recommend *an easy/a moderately difficult* hiking trail?

Mi può consigliare un percorso *piuttosto facile/di media difficoltà*?
mē pōō·ō' kōnsēlyä're ōōn perkōr'sō *pyōōtō'stō fä'tshēle/dē me'dyä dēfēkōltä'*?

Approximately how long will it take?

Quanto tempo ci vuole all'incirca?
kōō·än'tō tem'pō tshē vōō·ō'le älēntshēr'kä?

Is the path *well marked/secure*?

L'itinerario è ben *indicato/sicuro*?
lētēnerär'yō e ben *ēndēkä'tō/sēkōō'rō*?

Is there anywhere we can get something to eat along the way?

C'è un luogo di ristoro lungo il percorso? tshe ōōn lōō·ō'gō dē rēstō'rō lōōn'gō ēl perkōr'sō?

Are there guided tours?

Ci sono escursioni guidate?
tshē sō'nō eskōōrsyō'nē gōō·ēdä'te?

When does the *next/last* cable car *go up/come down*?

A che ora parte *la prossima/l'ultima* funivia per *salire/scendere*? ä ke ō'rä pär'te *lä prō'sēmä/lōōl'tēmä* fōōnēvē'ä per *sälē're/shen'dere*?

7

Is this the right way to ...?	**Siamo sulla strada giusta per ...?** syä'mō sōō'lä strä'dä jōō'stä per ...?
How much farther is it to ...?	**Quanto manca per arrivare a ...?** kōō·än'tō män'kä per ärēvä're ä ...?
I'm not afraid of heights.	**Non soffro di vertigini.** nōn sō'frō dē vertē'jēnē

Mountaineering

cable car	**la funivia** lä fōōnēvē'ä
chair lift	**la seggiovia** lä sejōvē'ä
hike	**l'escursione** *f* leskōōrsyō'ne
to go hiking	**fare escursioni** fä're eskōōrsyō'nē
hiking boots	**le scarpe da escursione** le skär'pe dä eskōōrsyō'ne
hiking map	**la carta dei sentieri** lä kär'tä de'ē sentye'rē
hiking trail	**il sentiero** ēl sentye'rō
hut	**il rifugio** ēl rēfōō'jō
mountain	**la montagna** lä mōntä'nyä
– climbing	**l'alpinismo** lälpēnēz'mō
– guide	**la guida alpina** lä gōō·ē'dä älpē'nä
mountain-climbing boots	**gli scarponi da montagna** lyē skärpō'nē dä mōntä'nyä
provisions	**le provviste** *f/pl* le prōvē'ste
ravine	**la gola** lä gō'lä
rope	**la corda** lä kōr'dä

SKIING

I'd like to ...	**Vorrei ...** vōre'ē ...
enroll my *son/daughter* for skiing lessons.	**iscrivere *mio figlio/mia figlia* al corso di sci.** ēskrē'vere *mē'ō fē'lyō/mē'ä fē'lyä* äl kōr'sō dē shē.
take a skiing course.	**fare un corso di sci.** fä're ōōn kōr'sō dē shē.
have a private instructor.	**prendere un maestro di sci.** pren'dere ōōn mä·estrō dē she.
I'd like to rent ...	**Vorrei noleggiare ...** vōre'ē nōlejä're ...
cross-country skis.	**un paio di sci da fondo.** ōōn pä'yō dē shē dä fōn'dō.
cross-country skiing boots, size ...	**un paio di scarpette da sci di fondo numero ...** ōōn pä'yō dē skärpe'te dä'shē dē fōn'dō nōō'merō ...
downhill skis.	**un paio di sci da discesa.** ōōn pä'yō dē shē dä dēshe'sä.
downhill skiing boots, size ...	**un paio di scarponi da sci numero ...** ōōn pä'yō dē skärpō'nē dä shē nōō'merō ...
a snowboard.	**uno snowboard.** ōō'nō snō'bōrd.
ice skates, size ...	**un paio di pattini numero ...** ōōn pä'yō dē pä'tēnē nōō'merō ...
a sled.	**una slitta.** ōō'nä slē'tä.

7

I'm …	**Sono …** sō'nō …
a beginner.	**♂ un principiante / ♀ una principiante.** ♂ ōōn prēntshēpyän'te/ ♀ ōō'nä prēntshēpyän'te.
an average skiier.	**uno sciatore piuttosto mediocre.** ōōn'nō shē·ätō're pyōōtō'stō medyō'kre.
a good skiier.	**un bravo sciatore.** ōōn brä'vō shē·ätō're.
I'd like a lift pass for …	**Vorrei uno ski-pass per …** vōre'ē ōō'nō skē'päs per …
a half-day.	**mezza giornata.** me'tsä jōrnä'tä.
a day.	**un giorno.** ōōn jōr'nō.
two days.	**due giorni.** dōō'e jōr'nē.
a week.	**una settimana.** ōō'nä setēmä'nä.

! **Ci vuole una fotografia formato tessera.** tshē vōō·ō'le ōō'nä fōtōgräfē'ä fōrmä'tō te'serä. — You'll need a passport photo.

Where can I get a passport photo made?	**Dove posso fare delle fotografie formato tessera?** dō've po'sō fä're de'le fōtōgräfē'e fōrmä'tō te'serä?
When is the half-day pass valid?	**Da che ora è valido lo ski-pass per mezza giornata?** dä ke ō'rä e vä'lēdō lō skē'päs per me'tsä jōrnä'tä?
When is the last downhill run?	**A che ora c'è l'ultima discesa a valle?** ä ke ō'rä tshe lōōl'tēmä dēshe'sä ä vä'le?

When do the lifts *start/stop* running?	***Da/Fino a* che ora funziona la sciovia?** *dä/fē'nō ä* ke ō'rä fōōntsyō'nä lä shēōvē'ä?
Has the cross-country skiing track been laid down?	**La pista di fondo è tracciata?** lä pē'stä dē fōn'dō e trätshä'tä?

Skiing

avalanche warning	**il pericolo di valanghe** ēl perē'kōlō dē välän'ge
binding	**l'attacco** lätä'kō
chair lift	**la seggiovia** lä sejovē'ä
cross-country skiing	**lo sci di fondo** lō shē dē fōn'dō
cross-country track	**la pista di fondo** lä pē'stä dē fōn'dō
downhill run	**la discesa** lä dēshe'sä
ice	**il ghiaccio** ēl gyä'tshō
– skating	**pattinare** pätēnä're
icy	**ghiacciato** gyätshä'tō
lift pass	**lo ski-pass** lō skē'päs
children's –	**lo ski-pass per bambini** lō skē'päs per bämbē'nē
half-day –	**lo ski-pass per mezza giornata** lō skē'päs per me'tsä jōrnä'tä
week –	**lo ski-pass settimanale** lō skē'päs setēmänä'le
piste	**la pista** lä pē'stä
black –	**la pista nera** lä pē'stä ne'rä
blue –	**la pista blu** lä pē'stä blōō
red –	**la pista rossa** lä pē'stä rō'ssä

poma lift	**la sciovia** lä shēōvē'ä
ski lift	**la sciovia** lä shēōvē'ä
ski poles	**i bastoncini** ē bästōntshē'nē
ski wax	**la sciolina** lä shēōlē'nä
skiing	**lo sci** lō shē
– goggles	**gli occhiali da sci** lyē ōkyä'lē dä shē
– instructor	**il maestro di sci** ēl mä·es'trō dē shē
– lessons	**il corso di sci** ēl kōr'sō dē shē
snow	**la neve** lä ne've
to go tobogganing	**andare in slitta** ändä're ēn slē'tä
toboggan course	**la pista per slitte** lä pē'stä per slē'te
tow lift	**lo ski-lift** lō skē'lēft

MORE SPORTS AND GAMES

Do you have any *playing cards/ board games*?	**Ha *delle carte da gioco/dei giochi di società*?** ä *de'le kär'te dä jō'kō/de'ē jō'kē dē sōtshetä'*?
What sports do you participate in?	**Che sport pratica Lei?** ke spōrt prä'tēkä le'ē?
Do you play chess?	**Gioca a scacchi?** jō'kä ä skä'kē?
I'd like to take a ... course.	**Vorrei fare un corso di ...** vōre'ē fä're ōōn kōr'sō dē ...
May I join in?	**Posso giocare anch'io?** pō'sō jōkä're änkē'ō?

We'd like to rent a *tennis/squash* court for *an hour/half an hour*.	**Vorremmo avere un campo da *tennis/squash* per *un'ora/mezz'ora*.** vōre'mō äve're ōōn käm'pō dä *te'nēs/skōō·ōsh'* per *ōōnō'rä/metsō'rä*.
I'd like to rent ...	**Vorrei noleggiare ...** vōre'ē nōlejä're ...

Sports and Games

athletic	**sportivo** spōrtē'vō
badminton	**il badminton** ēl bed'mēntōn
bait	**l'esca** le'skä
ball	**la palla** lä pä'lä
basketball	**la pallacanestro** lä päläkänes'trō
beginner *(female)*	**la principiante** lä prēntshēpyän'te
beginner *(male)*	**il principiante** ēl prēntshēpyän'te
bicycle	**la bicicletta** lä bētshēkle'tä
bike hike	**il giro in bicicletta** ēl jē'rō ēn bētshēkle'tä
bowling	**il bowling** ēl bōō'lēng
canoe	**la canoa** lä känō'ä
card game	**la partita a carte** lä pärtē'tä ä kär'te
changing rooms	**gli spogliatoi** lyē spōlyätoi'
coach	**l'allenatore** lälenätō're
competition	**la gara** lä gä'rä
course	**il corso** ēl kōr'sō
to cycle, to go cycling	**andare in bicicletta** ändä're ēn bētshēkle'tä
finishing line	**il traguardo** ēl trägōō·är'dō
first half *(of a game)*	**il primo tempo** ēl prē'mō tem'pō

7

to go fishing	**andare a pesca** ändä're ä pes'kä
fishing license	**la licenza di pesca** lä lētshen'tsä dē pe'skä
fishing rod	**la canna da pesca** lä kä'nä dä pe'skä
game	**la partita** lä pärtē'tä
goal	**il goal** ēl gōl
– keeper	**il portiere** ēl pōrtye're
golf	**il golf** ēl gōlf
– club	**la mazza da golf** lä mä'tsä dä gōlf
– course	**il campo da golf** ēl käm'pō dä gōlf
gymnastics	**la ginnastica** lä jēnä'stēkä
handball	**la palla a mano** lä pä'lä ä mä'nō
hang-gliding	**lo sport del deltaplano** lō spōrt del deltäplä'nō
horse	**il cavallo** ēl kävä'lō
jazz dancing	**la danza jazz** lä dän'tsä jets
to jog	**fare jogging** fä're jō'gēng
kayak	**il kayak** ēl käyäk'
to lose	**perdere** per'dere
mini-golf course	**la pista di minigolf** lä pē'stä dē mēnēgōlf'
paragliding	**il parapendio** ēl päräpendē'ō
to play	**giocare** jōkä're
to go rafting	**il rafting** ēl räf'tēn
referee	**l'arbitro** lär'bētrō
regatta	**la regata** lä regä'tä
to ride a horse	**cavalcare** kävälkä're
second half *(of a game)*	**il secondo tempo** ēl sekōn'dō tem'pō

skydiving	**il paracadutismo** ēl päräkädōōtēz'mō
soccer	**il calcio** ēl käl'tshō
– field	**il campo di calcio** ēl käm'pō dē käl'tshō
– game	**la partita di calcio** lä pärtē'tä dē käl'tshō
sports	**lo sport** lō spōrt
– studio	**la palestra** lä päles'trä
– field	**il campo sportivo** ēl käm'pō spōrtē'vō
squash	**lo squash** lō skōō·ōsh'
– ball	**la palla da squash** lä pä'lä dä skōō·ōsh'
– court	**il campo da squash** ēl käm'pō dä skōō·ōsh'
– raquet	**la racchetta da squash** lä räke'tä dä skōō·ōsh'
start	**la partenza** lä pärten'tsä
table tennis	**il ping-pong** ēl pēng-pōng'
team	**la squadra** lä skōō·ä'drä
tennis	**il tennis** ēl te'nēs
– ball	**la palla da tennis** lä pä'lä dä te'nēs
– court	**il campo da tennis** ēl käm'pō dä te'nēs
– racket	**la racchetta da tennis** lä räke'tä dä te'nēs
victory	**la vittoria** lä vētōr'yä
volleyball	**la pallavolo** lä pälävō'lō
to win	**vincere** vēn'tshere

At the Box Office

centro tshen'trō	middle
destra des'trä	right
Entrata enträ'tä	entrance
eusaurito esourē'tō	sold out
Fila fē'lä	row
Galleria gälerē'ä	level
Palco päl'kō	box
Platea pläte'ä	orchestra
Posto pō'stō	seat
sinistra sēnēs'trä	left
Uscita di sicurezza ōōshē'tä dē sēkōōre'tsä	emergency exit

INFO In the summer, there are theatrical performances and concerts in ancient amphitheaters; for example, in Taormina or Verona. Almost every village or town holds a **sagra** (folk festival) in which food typical of the region is celebrated; for example in the **sagra del gambero** sä'grä del gäm'berō (festival of prawns). The event often starts off with a parade and ends with fireworks (**fuochi d'artificio** fōō·ō'kē därtēfē'tshō).

In many towns there are also traditional festivals, during which actors wear historical costumes; for example in the **calcio storico fiorentino** käl'tshō stō'rēkō fyōrentē'no (medieval soccer game) in Florence, or in the **corsa dei ceri** kōr'sä de'ē tshe'rē (a race with giant candles) in Gubbio.

Do you have a schedule of events?	**Ha un programma delle manifestazioni?** ä ōōn prōgrä'mä de'le mänēfestätsyō'nē?
Where can I get tickets?	**Dove si comprano i biglietti?** dō've sē kōm'pränō ē bēlye'tē?
When does the *performance/concert* start?	**A che ora inizia *lo spettacolo/il concerto*?** ä ke ō'rä ēnē'tsyä *lō spetä'kōlō/ēl kōntsher'tō*?
When is general admission?	**Da che ora si può entrare?** dä ke ō'rä sē pōō·ō' enträ're?
Are the seats numbered?	**I posti sono numerati?** ē pō'stē sō'nō nōōmerä'tē?
Can I reserve tickets?	**Si possono riservare dei biglietti?** sē pō'sōnō rēservä're de'ē bēlye'tē?
Do you still have tickets for *today/tomorrow*?	**Ci sono ancora dei biglietti per *oggi/domani*?** tshē sō'nō änkō'rä de'ē bēlye'tē per *ō'jē/dōmä'nē*?
How much is a ticket?	**Quanto costa il biglietto?** kōō·än'tō kō'stä ēl bēlye'tō?
Is there a discount for …	**C'è una riduzione per …** tshe ōō'nä rēdōōtsyō'ne per …
children?	**bambini?** bämbē'nē?
senior citizens?	**gli anziani?** lyē äntsyä'nē?
students?	**gli studenti?** lyē stōōden'tē?

7

I'd like *one ticket/two tickets* for …	***Un biglietto/Due biglietti* per …, per favore.** ōōn bēlye'tō/dōō'e bēlye'tē per …, per fävō're.
today.	**oggi** ō'jē
this evening.	**stasera** stäse'rä
the matinee.	**la matinée** lä mätēne'
tomorrow.	**domani** dōmä'nē
the day after tomorrow.	**dopodomani** dōpodōmä'nē
When is the performance over?	**A che ora finisce lo spettacolo?** ä ke ō'rä fēnē'she lō spetä'kōlō?
I'd like to rent an opera glass.	**Vorrei prendere in prestito un binocolo da teatro.** vōre'ē pren'dere ēn pre'stētō ōōn bēnō'kōlō dä te·ä'trō.

Culture and Festivals

act	**l'atto** lä'tō
actor	**l'attore** *m* lätō're
actress	**l'attrice** *f* lätrē'tshe
advance booking	**la prevendita** lä preven'dētä
ballet	**il balletto** ēl bäle'tō
beginning	**l'inizio** lēnē'tsyō
box office	**la cassa** lä kä'sä
cabaret	**il cabaret** ēl käbäre'
chamber music	**la musica da camera** lä mōōsēkä dä kä'merä
choir	**il coro** ēl kō'rō

circus	**il circo** ēl tshēr'kō
cloakroom	**il guardaroba** ēl gōō·ärdärō'bä
comedy	**la commedia** lä kōme'dyä
composer *(female)*	**la compositrice** lä kōmposētrē'tshe
composer *(male)*	**il compositore** ēl kōmpōsētō're
concert	**il concerto** ēl kōntsher'tō
– hall	**la sala da concerti** lä sä'lä dä kōntsher'tē
conductor	**il direttore d'orchestra** ēl dēretō're dōrkes'trä
dancer *(male)*	**il ballerino** ēl bälerē'nō
dancer *(female)*	**la ballerina** lä bälerē'nä
director *(male)*	**il regista** ēl rejē'stä
director *(female)*	**la regista** lä rejē'sta
discount	**la riduzione** lä rēdōōtsyō'ne
dubbed	**doppiato** dōpyä'tō
end	**la fine** lä fē'ne
folklore evening	**la serata folkloristica** lä serä'tä fōlklōrē'stēkä
grand piano	**il pianoforte a coda** ēl pyänōfōr'te ä kō'dä
intermission	**l'intervallo** lēntervä'lō
leading role	**il ruolo principale** ēl rōō·ō'lō prēntshēpä'le
movie	**il film** ēl fēlm
– theater	**il cinema** ēl tshē'nemä
music	**la musica** lä mōō'zēkä
musical *(play)*	**il musical** ēl myōō'zēkōl
open-air theater	**il teatro all'aperto** ēl te·ä'trō äläper'tō

opera	**l'opera** lō'perä
operetta	**l'operetta** lōpere'tä
orchestra	**l'orchestra** lōrkes'trä
to perform	**recitare** retshētä're
performance	**lo spettacolo** lō spetä'kōlō
play	**l'opera teatrale** lō'perä te·äträ'le
to play *(music)*	**suonare** sōō·ōnä're
premiere	**la prima** lä prē'mä
program	**il programma** ēl prōgrä'mä
seat	**il posto** ēl pō'stō
singer *(male)*	**il cantante** ēl käntän'te
singer *(female)*	**la cantante** lä käntän'te
stage	**il palcoscenico** ēl pälkōshe'nēkō
subtitled	**con i sottotitoli** kōn ē sōtōtē'tōlē
theater	**il teatro** ēl te·ä'trō
ticket	**il biglietto (d'ingresso)** ēl bēlye'tō (dēngre'so)
variety show	**il varietà** ēl väryetä'
vocal recital	**la serata liederistica** lä serä'tä lēderē'stēkä

GOING OUT IN THE EVENING

Is there a nice bar around here?	**C'è un locale simpatico da queste parti?** tshe ōōn lōkä'le sēmpä'tēkō dä kōō·e'ste pär'tē?
Where can you go dancing around here?	**Dove si può andare a ballare da queste parti?** dō've sē pōō·ō' ändä're ä bälä're dä kōō·e'ste pär'tē?

May I sit here?	**È libero qui?** e lē'berō kōō·ē?
Can you get something to eat here?	**Si può anche mangiare qualcosa qui?** sē pōō·ō' än'ke mänjä're kōō·älkō'sä kōō·ē'?
Do you have a drinks menu?	**Ha una carta delle bevande?** ä ōō'nä kär'tä de'le bevän'de?

! **Nel biglietto d'ingresso è inclusa una consumazione.** nel bēlye'tō dēngre'sō e ēnklōō'zä ōō'nä kōnzōōmätsyō'ne.

A drink is included in the price of the ticket.

7

I'd like a *beer/glass of wine*, please.	***Una birra/Un bicchiere di vino*, per favore.** *ōō'nä bē'rä/ōōn bēkye're dē vē'nō*, per fävō're.
The same again, please.	**Un altro, per favore.** ōōn äl'trō, per fävō're.
What would you like to drink?	**Che cosa *Le/ti* andrebbe di bere?** ke kō'sä *le/tē* ändre'be dē be're?
May I buy you something to drink?	***Le/Ti* posso offrire qualcosa da bere?** *le/tē* pō'sō ōfrē're kōō·älkō'sä dä be're?

➡ *see also: Food and Drink (p. 107)*

Would you like to dance?	***Vuole/Vuoi* ballare?** *vōō·ōle/vōō·ōi'* bälä're?
You dance very well.	***Balla/Balli* molto bene.** *bä'lä/bä'lē* mōl'tō be'ne.

bar *(counter)*	**il bar** ēl bär
bistro	**il locale** ēl lōkä'le
casino	**il casinò** ēl käsēnō'
dance	**il ballo** ēl bä'lō
to dance	**ballare** bälä're
disco	**la discoteca** lä dēskōte'kä
to drink	**bere** be're
evening dress	**l'abito da sera** lä'bētō dä se'rä

Post Office, Bank, Internet

POST, TELEGRAMS, TELEPHONE

Letters and Parcels

Where is the nearest mailbox?	**Dov'è la cassetta postale più vicina?** dōve' lä käse'tä pōstä'le pyōō vētshē'nä?
Where is the nearest post office?	**Dov'è l'ufficio postale più vicino?** dōve' lōōfē'tshō pōstä'le pyōō vētshē'nō?
How much does a *letter/postcard* to the United States cost?	**Quanto costa spedire una *lettera/cartolina* per l'America?** kōō·än'tō kō'stä spedē're ōō'nä *le'terä/kärtōlē'nä* per läme'rēkä?
Five ... stamps, please.	**Cinque francobolli da ..., per favore.** tshēn'kōō·e fränkōbō'lē dä ..., per fävō're.
I'd like to mail this *letter/package* ..., please.	**Vorrei spedire *questa lettera/questo pacchetto* ...** vōre'ē spedē're *kōō·e'stä le'terä/kōō·e'stō päke'tō* ...
by registered mail	**per raccomandata.** per räkōmändä'tä.
by airmail	**per via aerea.** per vē'ä ä·e're·ä.
by express mail	**per espresso.** per espre'sō.
I'd like to send a package.	**Vorrei spedire un pacco.** vōre'ē spedē're ōōn pä'kō.
Where is the general-delivery counter?	**Dov'è lo sportello del fermo posta?** dōve' lō spōrte'lō del fer'mō pō'stä?

Is there any mail for me?	**C'è posta per me?** tshe pō'stä per me?

The Line Home

Can I send a telegram from here?	**Vorrei mandare un telegramma. Posso farlo qui?** vōre'ē mändä're ōōn telegrä'mä. pō'sō fär'lō kōō·ē'?
Please give me a form for a telegram.	**Un modulo per telegrammi, per favore.** ōōn mō'dōōlō per telegrä'mē, per fävō're.
Where can I make a phone call?	**Dov'è che si può telefonare qui?** dōve' ke sē pōō·ō' telefōnä're kōō·ē'?

INFO In Italy you will find telephones at post offices, bars, and tobacconist's. These will be marked by a yellow sign with a phone receiver. Most telephones use either cards or coins; recently phones have been installed that only use telephone cards. You can get a telephone card (**carta telefonica** kär'tä telefō'nēkä) at the post office and tobacconist's. Before you can use it, you must break off (**strappare** sträpä're) one corner of the card.

Could you tell me where I might find a phone booth?	**Mi saprebbe dire per favore dov'è una cabina telefonica?** mē säpre'be dē're per fävo're dōve' ōō'nä käbē'nä telefō'nēkä?

! **Vada alla cabina ...** vä'dä ä'lä käbē'nä ... — Go into booth ...

Where can I get a telephone card?

Dove posso comprare una carta telefonica? dō've pō'sō kōmprä're ōō'nä kär'tä telefō'nēkä?

Could you give me some change for this bill?

Mi potrebbe cambiare questa banconota? mē pōtre'be kämbyä're kōō·e'stä bänkōnō'tä?

What's the area code for ...?

Qual è il prefisso di ...? kōō·äl' e ēl prefē'sō dē ...?

INFO In order to phone someone in the United States, first dial 001 (international code + code for the US and Canada), then the area code (without any further prefix), and then the telephone number.

! **La linea è *occupata/disturbata.*** lä lē'ne·ä e *ōkōōpä'tä/dēstōōrbä'tä.*

The line is *busy/out of order*.

! **Non risponde nessuno.** nōn rēspōn'de nesōō'nō.

There's no answer.

! **Provi ancora una volta.** prō'vē änkō'rä ōō'nä vōl'tä.

You'll have to try again.

When do evening rates apply?

Da che ora è valida la tariffa notturna? dä ke ō'rä e vä'lēdä lä tärē'fä nōtōōr'nä?

I'd like to place a call to the United States.

Vorrei fare una telefonata in America. vōre'ē fä're ōō'nä telefōnä'tä ēn äme'rēkä.

addressee	**il destinatario** ēl destēnätär'yō
area code	**il prefisso** ēl prefē'sō
busy	**occupato** ōkōōpä'tō
by airmail	**via aerea** vē'ä ä·e're·ä
charge	**la tariffa** lä tärē'fä
COD	**il contrassegno** ēl kōnträsen'yō
collect call	**la telefonata a carico del ricevente** lä telefōnä'tä ä kä'rēkō del rētsheven'te
to connect *(a call)*	**passare** päsä're
counter	**lo sportello** lō spōrte'lō
envelope	**la busta** lä bōō'stä
express letter	**l'espresso** lespre'sō
fax	**il telefax** ēl te'lefäks
international call	**la telefonata internazionale** lä telefōnä'tä ēnternätsyōnä'le
letter	**la lettera** lä le'terä
mailbox	**la cassetta delle lettere** lä käse'tä de'le le'tere
package	**il pacco** ēl pä'kō
– info form	**il bollettino di spedizione dei pacchi postali** ēl bōletē'nō dē spedētsyō'ne de'ē pä'kē pōstä'lē
parcel	**il pacchetto** ēl päke'tō
pay phone	**il telefono a monete** ēl tele'fōnō ä mōne'te
phone that operates with a phone card	**il telefono a schede** ēl tele'fōnō ä ske'de

8

post office	**la posta** lä pō'stä
postcard	**la cartolina (illustrata)** lä kärtōlē'nä (ēlōōsträ'tä)
to send	**spedire** spedē're
stamp	**il francobollo** ēl fränkōbō'lō
– vending machine	**il distributore automatico di francobolli** ēl dēstrēbōōtō're outōmä'tēkō dē fränkōbō'lē
telegram	**il telegramma** ēl telegrä'mä
telephone	**il telefono** ēl tele'fōnō
– booth	**la cabina telefonica** lä käbē'nä telefō'nēkä
– card	**la carta telefonica** lä kär'tä telefō'nēkä
– conversation	**la telefonata** lä telefōnä'tä
– directory	**l'elenco telefonico** lelen'kō telefō'nēkō
– number	**il numero di telefono** ēl nōō'merō dē telefō'nō
to make a telephone call	**telefonare** telefōnä're
ZIP code	**il codice di avviamento postale** ēl kō'dētshe dē ävyämen'tō pōstä'le

MONEY MATTERS

Can you tell me where I can find a bank around here?

Scusi, c´è una banca qui vicino? skōō'zē, tshe ōō'nä bän'kä kōō·ē' vētshē'nō?

Where can I exchange foreign currency?

Dove posso cambiare dei soldi? dō've pō'sō kämbyä're de'ē sōl'dē?

What's the commission charge?

A quanto ammontano le spese bancarie? ä kōō·än'tō ämōn'tänō le spe'se bänkär'ye?

What time does the bank close?

Fino a che ora è aperta la banca? fē'nō ä ke ō'rä e äper'tä lä bän'kä?

8

INFO Banks are open from Monday to Friday in the morning until 1 p.m., and then again in the afternoon for only one hour. You can also exchange money at an **agenzia di cambio** äjen'tsyä dē käm'byō. It has longer opening hours than a bank, but it has also a less advantageous exchange rate.

I'd like to change ... dollars into euros.

Vorrei cambiare ... dollari in euro. vōre'ē kämbyä're ... dōl'ärē ēn e'ōōrō.

Someone is wiring me money. Has it arrived yet?

Mi sono fatto mandare un vaglia telegrafico. È già arrivato? mē sō'nō fä'tō mändä're ōōn vä'lyä telegrä'fēkō. e jä ärēvä'tō?

Can I use my credit card to get cash?

Posso avere del denaro in contanti con la mia carta di credito? pō'sō äve're del denä'rō ēn kōntän'tē kōn lä mē'ä kär'tä dē kre'dētō?

I'd like to cash a traveler's check.

Vorrei riscuotere un traveller's cheque. vōre'ē rēskōō·ōte're ōōn trä'velers·shek.

! ***Il Suo passaporto/La Sua carta d'identità*, per favore.** *ēl sōō'ō päsäpōr'to/lä sōō'ä kär'tä dēdentētä'*, per fävō're.

May I see your *passport/ID*, please?

! **Firmi qui, per favore.** fēr'mē kōō·ē', per fävō're.

Would you sign here, please?

! **Per ritirare il denaro si accomodi alla cassa.** per rētērä're ēl denä'rō sē äkō'mōdē ä'lä kä'sä.

You can pick up the money at the cashier.

? **Che tagli preferisce?** ke tä'lyē freferē'she?

How would you like the money?

In small bills, please.

Banconote di piccolo taglio, per favore. bänkōnō'te dē pē'kōlō tä'lyō, per fävō're.

Please give me some change, too.

Mi dia anche un po' di spiccioli, per favore. mē dē'ä än'ke ōōn pō dē spē'tshōlē, per fävō're.

ATM	**la cassa automatica prelievi** lä kä'sä outōmä''tēkä prelye'vē
bank	**la banca** lä bän'kä
– account	**il conto in banca** ēl kōn'tō ēn bän'kä
– code	**il codice di avviamento bancario** ēl kōdētshe bänkärēō bänkär'yō
– transfer	**il bonifico (bancario)** ēl bōnēfēkō (bänkär'yō)
bill	**la banconota** lä bänkōnō'tä
card number	**il numero della carta assegni** ēl nōō'merō de'lä kär'tä äse'nyē
cash	**il denaro in contanti** ēl denä'rō ēn kōntän'tē
cashier	**la cassa** lä kä'sä
change	**gli spiccioli** lyē spē'tshōlē
check	**l'assegno** läse'nyō
check card	**la carta assegni** lä kär'tä äse'nyē
PIN	**il numero segreto** ēl nōō'mero segre'tō
commission	**la tariffa** lä tärē'fä
counter	**lo sportello** lō spōrte'lō
credit card	**la carta di credito** lä kär'tä dē kredē'tō
currency exchange	**l'agenzia di cambio** läjen'tsyä dē käm'byō
dollar	**il dollaro** ēl dō'lärō
to exchange	**cambiare** kämbyä're
exchange rate	**il cambio** ēl käm'byō

money	**il denaro, i soldi** ēl denä'rō, ē sōl'dē
savings account	**il libretto di risparmio** ēl lēbre'tō dē rēspär'myō
savings bank	**la cassa di risparmio** lä kä'sä dē rēspär'myō
signature	**la firma** lä fēr'mä
total amount	**l'importo** lēmpōr'tō
traveler's check	**il traveller's cheque** ēl tre'velers·shek
to withdraw	**prelevare** prelevä're

INTERNET

Where's an internet café around here?	**Dov'è un Internet cafè qui vicino?** dōve' ōōn ēn'ternet käfe' kōō·ē' vētsē'nō?
Which computer can I use?	**Quale computer posso usare?** kōō·ä'le kōmpyōō'ter pō'sō ōōzä're?
How much is it for 15 minutes?	**Quanto costa un quarto d'ora?** kōō·än'to kō'stä ōōn kōō·är'tō dō'rä?
Could you help me?	**Mi portrebbe aiutare?** mē pōtre'be äyootä're?

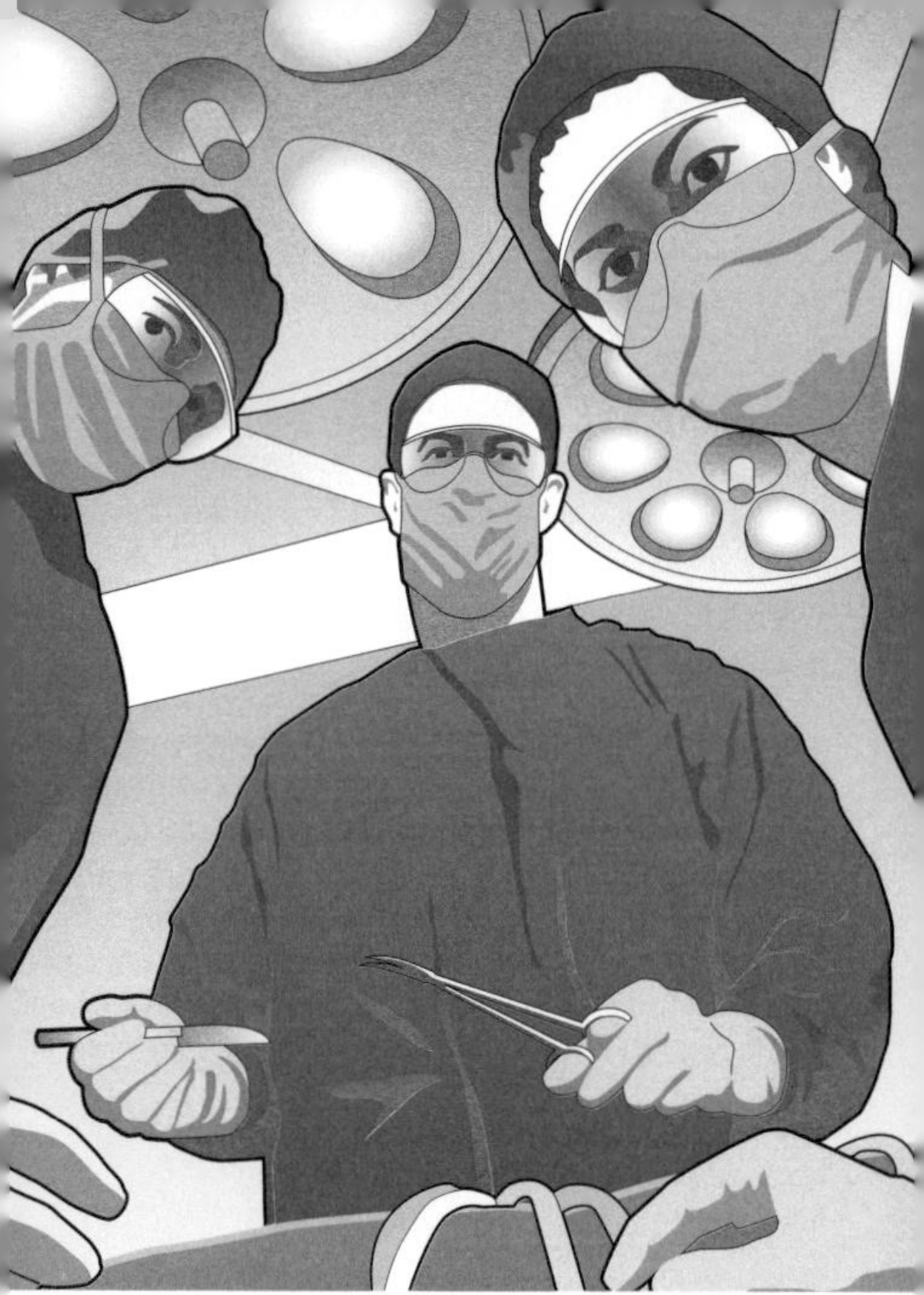

Emergencies

HEALTH

Information

Could you recommend a general practitioner?

Mi può consigliare un medico generico?
mē pōō·ō kōnsēlyä're ōōn me'dēkō jene'rēkō?

Does *he/she* speak English?

Parla inglese? pär'lä ēn·gle'se?

What are *his/her* office hours?

Quando riceve? kōō·än'dō rētshe've?

Where is *his/her* practice?

Dov'è il suo ambulatorio?
dōve' ēl sōō'ō ämbōōlätōr'yō?

INFO If there is an accident, you must contact the **pronto soccorso** prōn'tō sōkōr'sō (first aid) of the nearest hospital, and they will pick up the injured person in an ambulance. If someone is seriously ill, get in touch with the **guardia medica** gōō·är'dyä me'dēkä, the local doctor on call for emergencies, who will visit the patient at home. If you don't know what to do, the **carabinieri** käräbēnye'rē (police) will help you; they can be reached at telephone number 113 anywhere in Italy.

Can *he/she* make house calls?

Fa visite a domicilio?
fä vēzē'tē ä dōmētshē'lyō?

My *husband/wife* is sick.

***Mio marito/Mia moglie* sta male.**
mē'ō märē'tō/mē'ä mō'lye stä mä'le.

Please call *an ambulance/the emergency doctor*!	**Chiami *un'ambulanza/la guardia medica*!** kyä'mē *ōōnämbōōlän'tsä/lä gōō·är'dyä me'dēkä*!
Where are you taking *him/her*?	**Dove *lo/la* portate?** dō've *lō/lä* pōrtä'te?
I'd like to come with you.	**Vorrei venire anch'io.** vōre'ē venē're änkē'ō.
Where's the nearest (24-hour) pharmacy?	**Dov'è la farmacia (con servizio notturno) più vicina?** dōve' lä färmatshē'ä (kōn servē'tsyō nōtōōr'nō) pyōō vētshē'nä?

Drugstore

Do you have anything for ...?	**Ha qualcosa contro ...?** ä kōō·älkō'sä kōn'trō ...?

➡ *Diseases, Doctor, Hospital (p. 219)*

How/When should I take it?	***Come/Quando* la devo prendere?** *kō'me/kōō·än'dō* lä de'vō pren'dere?
I need this medicine.	**Mi serve questa medicina.** mē ser've kōō·e'stä medētshē'nä.

! **Per questa medicina ci vuole la ricetta.** per kōō·e'stä medētshē'nä tshē vōō·ō'le lä rētshe'tä. — You need a prescription for this medicine.

! **Al momento non l'abbiamo.** äl mōmen'tō nōn läbyä'mō. — I'm sorry, but we don't have that here.

! **Dobbiamo ordinarlo.** dōbyä'mō ōrdēnär'lō.	We'll have to order it.
When can I pick it up?	**Quando posso averla?** kōō·än'dō pō'sō äver'lä?

Patient Package Insert

a digiuno, a stomaco vuoto ä dējōō'nō, ä stō'mäkō vōō·ō'tō	on an empty stomach
dopo i pasti dō'pō ē pä'stē	after meals
effetti collaterali efē'tē kōläterä'lē	side effects
far sciogliere in bocca fär shō'lyere ēn bō'kä	allow to dissolve on the tongue
per uso esterno per ōō'zō ester'nō	external
per uso interno per ōō'zō ēnter'nō	internal
per via rettale per vē'ä retä'le	rectally
prima dei pasti prē'mä de'ē pä'stē	before meals
secondo le indicazioni del medico sekōn'dō le ēndēkätsyō'nē del me'dēkō	according to the doctor's instructions
senza masticare sen'tsä mästēkä're	swallow whole
tre volte al giorno tre vōl'te äl jōr'nō	three times a day

Drugstore

alcohol	**l'alcool (denaturato)** *m* läl'kō·ōl (denätōōrä'tō)
antibiotic	**l'antibiotico** läntēbē·ō'tēkō
antiseptic ointment	**la pomata per le ferite** lä pōmä'tä per le ferē'te

Band-Aid®	**il cerotto** ēl tsherō'tō
birth-control pill	**la pillola anticoncezionale** lä pē'lōlä äntēkōntshetsyōnä'le
charcoal tablets	**le compresse al carbone vegetale** le kōmpre'se äl kärbō'ne vejetä'le
circulatory stimulant	**un farmaco contro i disturbi circolatori** ōōn fär'mäkō kōn'trō ē dēstōōr'bē tshērkōlätō'rē
condoms	**i profilattici, i preservativi** ē prōfēlä'tētshē, ē preservätē'vē
cotton	**il cotone idrofilo** ēl kōtō'ne ēdrō'fēlō
cough syrup	**lo sciroppo per la tosse** lō shērō'pō per lä tō'se
disinfectant	**il disinfettante** ēl dēsēnfetän'te
drops	**le gocce** le gō'tshe
elastic bandage	**la benda elastica** lä ben'dä elä'stēkä
fever	**la febbre** lä fe'bre
medicine to reduce –	**l'antipiretico** läntēpēre'tēkō
first-aid kit	**le bende** le ben'de
gauze bandage	**la garza** lä gär'tsä
homeopathic	**omeopatico** ōme·ōpä'tēkō
iodine	**lo iodio** lō yō'dyō
laxative	**il lassativo** ēl läsätē'vō
night duty	**il servizio notturno** ēl servē'tsyō nōtōōr'nō
ointment	**la pomata** lä pōmä'tä
– for mosquito bites	**la pomata contro le punture di zanzare** lä pōmä'tä kōn'trō le pōōntōō're dē dzändzä're

9

– for sun allergy	**la pomata contro l'eritema solare** lä pōmä'tä kōn'trō lerēte'mä sōlä're
painkiller	**l'analgesico** lä'nälje'sēkō
pharmacy	**la farmacia** lä färmätshē'ä
powder	**la polverina** lä pōlverē'nä
prescription	**la ricetta** lä rētshe'tä
sanitary napkins	**gli assorbenti igienici** lyē äsōrben'tē ēj·e'nētshē
sleeping pills	**il sonnifero** ēl sōnē'ferō
something for ...	**qualcosa contro ...** kōō·älkō'sä kōn'trō ...
suppository	**la supposta** lä sōōpō'stä
tablet	**la compressa** lä kōmpre'sä
talcum powder	**il borotalco** ēl bōrōtäl'kō
tampons	**i tamponi** ē tämpō'nē
thermometer	**il termometro** ēl termō'metrō
tranquilizer	**il calmante** ēl kälmän'te

➡ *see also: Diseases, Doctor, Hospital (S. 219)*

At the Doctor's

I have a (bad) cold.	**Ho un (forte) raffreddore.** ō ōōn (fōr'te) räfredō're.
I have *diarrhea/ a (high) fever.*	**Ho la *diarrea/febbre (alta).*** ō lä *dyäre'ä/fe'bre (äl'tä).*
I don't feel well.	**Non mi sento bene.** nōn mē sen'tō be'ne.
I feel nauseous.	**Ho la nausea.** ō lä näōō'seä.
I'm dizzy.	**Mi gira la testa.** mē jē'rä lä te'stä.

INFO Address doctors only by their title of **dottore** dōtō're, or **dotoressa** dōtōre'sä if the doctor is a woman.

My ... *hurts/hurt.* — **Mi *fa/fanno* male ...**
mē *fä/fä'nō* mä'le ...

➡ *Parts of the Body and Organs (p. 217)*

I have pains here. — **Ho dei dolori qui.** ō de'ē dōlō'rē kōō·ē'.

I've been vomiting (a lot). — **Ho vomitato (più volte).**
ō vōmētä'tō (pyōō vōl'te).

My stomach is upset. — **Ho fatto indigestione.**
ō fä'tō ēndējestyō'ne.

I fainted. — **Sono ♂svenuto/♀svenuta.**
sō'nō ♂zvenōō'tō/♀zvenōō'tä.

I can't move ... — **Non posso muovere ...**
nōn pō'sō mōō·ō'vere ...

➡ *Parts of the Body and Organs (p. 217)*

I've hurt myself. — **Mi sono ♂ferito/♀ferita.**
mē sō'nō ♂ferē'tō/♀ferē'tä.

I had a fall. — **Sono ♂caduto/♀caduta.**
sō'nō ♂kädōō'tō/♀kädōō'tä.

I've been *stung/bitten* by ... — **Mi ha *punto/morso* ...**
mē ä *pōōn'tō/mōr'sō* ...

9

I have (not) been vaccinated against …	**(Non) sono ♂vaccinato/♀vaccinata contro …** (nōn) sō'nō ♂vätshēnä'tō/ ♀vätshēnä'tä kōn'trō …
I'm allergic to penicillin.	**Sono ♂allergico/♀allergica alla penicillina.** sō'nō ♂äler'jēkō/ ♀äler'jēkä ä'lä penētshēlē'nä.
I have *high/low* blood pressure.	**Ho la pressione *alta/bassa*.** ō lä presyō'ne *äl'tä/bä'sä*.
I have a pacemaker.	**Ho il pace-maker.** ō ēl peēs'mekä.
I'm … months pregnant.	**Sono al … mese di gravidanza.** sō'nō äl … me'se dē grävēdän'tsä.
I'm diabetic.	**Sono ♂diabetico/♀diabetica.** sō'nō ♂dē·äbe'tēkō/♀dē·äbe'tēkä.
I'm HIV-positive.	**Sono ♂sieropositivo/♀sieropositiva.** sō'nō ♂syerōpōsētē'vō ♀syerōpōsētē'vä.
I take this medicine regularly.	**Prendo regolarmente queste medicine.** pren'dō regōlärmen'te kōō·e'ste medētshē'ne.

What the doctor says

Che disturbi ha? ke dēstōōr'bē ä?	What are your symptoms?
Dov'è che le fa male? dōve' ke le fä mä'le?	Where does it hurt?
Le da fastidio? le dä fästē'dyō?	Does that hurt?
Apra la bocca. ä'prä lä bō'kä.	Open your mouth, please.
Mi faccia vedere la lingua. mē fä'tshä vede're lä lēn'gōō·ä.	Show me your tongue, please.
Tossisca. tōsē'skä.	Cough.
Si spogli, per favore. sē spō'lyē, per fävō're.	Would you get undressed, please.
Scopra il braccio, per favore. skō'prä ēl brä'tshō, per fävō're.	Would you roll up your sleeve, please.
Respiri profondamente. Trattenga il respiro. respē'rē prōfōndämen'te. träten'gä ēl respē'rō.	Breathe deeply. Now hold your breath.
Da quanto tempo ha questi disturbi? dä kōō·än'tō tem'pō ä kōō·e'stē dēstōōr'bē?	How long have you felt this way?
È ♂ vaccinato/♀ vaccinata contro ...? e ♂ vätshēnä'tō/♀ vätshēnä'tä kōn'trō ...?	Have you been vaccinated against ...?

Ha un libretto delle vaccinazioni?
ä ōōn lēbre'tō de'le vätshēnatsyō'nē?

Do you have a vaccination record?

Deve fare una radiografia.
de've fä're ōō'nä rädyōgräfē'ä.

We need to take some X-rays.

Si è ♂*rotto*/♀*rotta*/♂*slogato*/♀*slogata* ... sē e ♂*rō'tō*/♀*rō'tä*/♂*zlōgä'tō*/♀*zlōgä'tä* ...

Your ... is *broken/sprained.*

Deve fare l'analisi *del sangue/delle urine*. de've fä're länäl'ēzē *del sän'gōō·e/de'le ōōrē'ne.*

We need to take a *blood/urine* sample.

Deve operarsi. de've ōperär'sē.

You'll have to have an operation.

Deve andare da uno specialista.
de've ändä're dä ōō'nō spetshälē'stä.

I'll have to refer you to a specialist.

Non è niente di grave.
nōn e nēen'te dē grä've.

It's nothing serious.

Prenda ... *pillole/gocce* ... volte al giorno. pren'dä ... *pē'lōle/gō'tshe* ... vōl'te äl jōr'nō.

Take ... *tablets/drops* ... times a day.

Torni *domani/fra ... giorni*.
tōr'nē *dōmä'nē/frä ... jōr'nē.*

Come back *tomorrow/in ... days.*

Ask the doctor

Is it serious?	**È grave?** e grä've?
Can you give me a doctor's certificate?	**Mi può rilasciare un certificato medico?** mē pōō·ō' rēläshä're ōōn tshertēfēkä'tō me'dēkō?
Do I have to come back again?	**Devo tornare ancora?** de'vō tōrnä're änkō'rä?
What precautions should I take?	**A che cosa devo fare attenzione?** ä ke kō'sä de'vō fä're ätentzyō'ne?
I need a receipt in English for my medical insurance.	**Ho bisogno di una ricevuta (in inglese) per la mia assicurazione.** ō bēzō'nyō dē ōō'nä rētshevōō'tä ēn ēn·gle'se per lä mē'ä äsēkōōrätsyō'ne.

In the Hospital

Is there anyone here who speaks English?	**C'è qualcuno che parla inglese?** tshe kōō·älkōō'nō ke pär'lä ēn·gle'se?
I'd like to speak to a doctor.	**Vorrei parlare con un dottore.** vōre'ē pärlä're kōn ōōn dōtō're.

➡ *At the Doctor's (p. 210)*

What's the diagnosis?	**Qual è la diagnosi?** kōō·äl' e lä dē·ä'nyōzē?

9

I'd rather have the operation in the United States.

Preferirei farmi operare in America. preferēre'ē fär'mē ōperä're ēn äme'rēkä.

I'm insured for the journey home.

Sono ♂assicurato/♀assicurata per il viaggio di ritorno. sō'nō ♂äsēkōōrä'tō/♀äsēkōōrä'tä per ēl vyä'jo dē rētōr'nō.

Would you please notify my family?

Avvisi la mia famiglia, per favore. ävē'zē lä mē'ä fämē'lyä, per fävō're.

Can I have a private room?

Posso avere una camera singola? pō'sō ave're ōō'nä kä'merä sēn'gōlä?

How long will I have to stay here?

Per quanto tempo devo rimanere ancora? per kōō·än'tō tem'pō de'vō rēmäne're änkō'rä?

When can I get out of bed?

Quando potrò alzarmi? kōō·än'dō pōtrō' ältsär'mē?

Could you give me something *for the pain/to get to sleep*?

Mi dia qualcosa *contro i dolori/per dormire*, per favore. mē dē'ä kōō·älkō'sä *kōn'trō ē dōlō'rē/per dōrmē're*, per fävō're.

I'd like to be discharged. (I'll assume full responsibility.)

Vorrei essere ♂dimesso/♀dimessa (dietro mia responsabilità). vōre'ē e'sere ♂dēme'sō/♀dēme'sä (dye'trō mē'ä respōnsäbēlētä').

Please give me a certificate stating my length of stay here.	**Mi rilasci un certificato con la specificazione della durata della degenza ospedaliera, per favore.** mē rēlä'shē ōōn tshertēfēkä'tō kōn lä spetshēfēkätsyō'ne de'lä dōōrä'tä de'lä dejen'tsä ōspedälye'rä, per fävō're.

Parts of the Body and Organs

abdomen	**l'addome** *m* lädō'me
ankle	**il malleolo** ēl mäle'ōlō
appendix	**l'appendice** *f* läpendē'tshe
arm	**il braccio,** ***pl:*** **le braccia** ēl brä'tshō, *pl:* le brä'tshä
back	**la schiena** lä skye'nä
bladder	**la vescica** lä veshē'kä
blood	**il sangue** ēl sän'gōō·e
bone	**l'osso** lō'sō
brain	**il cervello** ēl tsherve'lō
bust	**il busto** ēl bōō'stō
calf	**il polpaccio** ēl polpä'tshō
cheek	**la guancia** lä gōō·än'tshä
chest	**il petto** ēl pe'tō
collarbone	**la clavicola** lä klävē'kōlä
disk	**il disco intervertebrale** ēl dē'sko ēntervertebrä'le
ear	**l'orecchio** lōre'kyō
–drum	**la membrana del timpano** lä membrä'nä del tēm'pänō
eye	**l'occhio** lō'kyō

9

face	**la faccia** lä fä'tshä
finger	**il dito, *pl:* le dita** ēl dē'tō, *pl:* le dē'tä
foot	**il piede** ēl pye'de
forehead	**la fronte** lä frōn'te
gall bladder	**la bile** lä bē'le
genitals	**gli organi genitali** lyē ōr'gänē jenētä'lē
gland	**la ghiandola** lä gyän'dōlä
hand	**la mano** lä mä'nō
head	**la testa** lä te'stä
heart	**il cuore** ēl kōō·ō're
hip	**l'anca** län'kä
intestine	**l'intestino** lēntestē'nō
joint	**l'articolazione *f*** lärtēkōlätsyō'ne
kidney	**il rene** ēl re'ne
knee	**il ginocchio** ēl jēnō'kyō
–cap	**la rotula** lä rō'tōōlä
leg	**la gamba** lä gäm'bä
lung	**il polmone** ēl pōlmō'ne
mouth	**la bocca** lä bō'kä
muscle	**il muscolo** ēl mōō'skōlō
neck *(in general)*	**il collo** ēl kō'lō
neck *(nape)*	**la nuca** lä nōō'kä
nerve	**il nervo** ēl ner'vō
nose	**il naso** ēl nä'sō
pelvis	**il bacino** ēl bätshē'nō
penis	**il pene** ēl pe'ne
rib	**la costola** lä kō'stōlä
– cage	**il torace** ēl tōrä'tshe
shin	**la tibia** lä tē'byä

shoulder	**la spalla** lä spä'lä
– blade	**la scapola** lä skä'pōlä
sinus	**il seno frontale** ēl se'nō frōntä'le
skin	**la pelle** lä pe'le
spine	**la spina dorsale** lä spē'nä dōrsä'le
stomach	**lo stomaco** lō stō'mäkō
tendon	**il tendine** ēl ten'dēne
thigh	**la coscia** lä kō'shä
throat	**la gola** lä gō'lä
thyroid (gland)	**la tiroide** lä tēroē'de
toe	**il dito del piede** ēl dē'tō del pye'de
tongue	**la lingua** lä lēn'gōō·ä
tonsils	**le tonsille** le tōnsē'le
tooth	**il dente** ēl den'te
vagina	**la vagina** lä väjē'nä
vein	**la vena** lä ve'nä
vertebra	**la vertebra** lä ver'tebrä

Diseases, Doctor, Hospital

abscess	**l'ascesso** läshe'sō
Aids	**l'Aids** ***m*** läēds
allergy	**l'allergia** lälerjē'ä
appendicitis	**l'appendicite** ***f*** läpendētshē'te
asthma	**l'asma** läz'mä
bite	**il morso** ēl mōr'sō
blister	**la vescica** lä veshē'kä
blood	**il sangue** ēl sän'gōō·e
blood poisoning	**la setticemia** lä setētshemē'ä

blood pressure	**la pressione (sanguigna)** lä presyō'ne (sän·gōō·ē'nyä)
high –	**la pressione alta** lä presyō'ne äl'tä
low –	**la pressione bassa** lä presyō'ne bä'sä
blood transfusion	**la trasfusione (del sangue)** lä träsfōōzyō'ne (del sän'gōō·e)
blood type	**il gruppo sanguigno** ēl grōō'po sän·gōō·ē'nyō
broken	**rotto** rō'tō
bruise	**la contusione** lä kōntōōzyō'ne
burn	**l'ustione** *f* lōōstyō'ne
cardiac arrest	**l'infarto** lēnfär'tō
certificate	**il certificato** ēl tshertēfēkä'tō
chicken pox	**la varicella** lä värētshe'lä
circulation problems	**i disturbi circolatori** ē dēstōōr'bē tshērkōlätō'rē
cold	**il raffreddore** ēl räfredō're
colic	**la colica** lä kō'lēkä
concussion	**la commozione cerebrale** lä kōmōtsyō'ne tsherebrä'le
conjunctivitis	**la congiuntivite** lä kōnjōōntēvē'te
cough	**la tosse** lä to'se
cramp	**il crampo** ēl kräm'pō
cystitis	**la cistite** lä tshēstē'te
dermatologist	**il dermatologo** ēl dermätō'lōgō
diabetes	**il diabete** ēl dyäbe'te
diarrhea	**la diarrea** lä dyärē'ä
dislocated	**lussato** lōōsä'tō

dizziness	**le vertigini** le vertē'jēnē
doctor *(male)*	**il dottore, il medico** ēl dōtō're, ēl me'dēkō
doctor *(female)*	**la dottoressa** lä dōtore'sä
ear infection	**l'otite *f* media** lōtē'te me'dyä
ear, nose and throat doctor	**l'otorinolaringoiatra** lōtōrēnōlärēn·gōyä'trä
faint *(feeling)*	**svenuto** zvenōō'tō
feces	**le feci** le fe'tshē
fever	**la febbre** lä fe'bre
flu	**l'influenza** lēnflōō·en'tsä
food poisoning	**l'intossicazione *f* da alimenti** lēntōsēkätsyō'ne dä älēmen'tē
fungal infection	**la micosi** lä mēkōsē
gallstones	**i calcoli biliari** ē käl'kōlē bēlēä'rē
general practitioner	**il medico generico** ēl me'dēkō jene'rēkō
German measles	**la rosolia** lä rōzōlē'ä
gynecologist *(female)*	**la ginecologa** lä jēnekō'lōgä
gynecologist *(male)*	**il ginecologo** ēl jēnekō'lōgō
hay fever	**il raffreddore da fieno** ēl räfredō're dä fye'nō
headache	**il mal di testa** ēl mäl dē te'stä
heart	**il cuore** ēl kōō·ō're
– attack	**l'attacco cardiaco** lätä'kō kärdē'äkō
–burn	**i bruciori di stomaco** ē brōōtshō'rē dē stō'mäkō

9

– defect	**il difetto cardiaco** ēl dēfe'tō kärdē'äkō
hemorrhage	**l'emorragia** le mōräjē'ä
hernia	**l'ernia inguinale** ler'nē·ä ēngōō·ēnä'le
herpes	**l'herpes** *m* ler'pes
illness	**la malattia** lä mälätē'ä
infection	**l'infezione** *f* lēnfetsyō'ne
infectious	**contagioso** kōntäjō'sō
inflammation	**l'infiammazione** *f* lēnfyämätsyō'ne
injury	**la ferita** lä ferē'tä
internist	**l'internista** *m, f* lēnternē'stä
kidney stones	**i calcoli renali** ē käl'kōlē renä'lē
lumbago	**la lombaggine** lä lōmbä'jēne
measles	**il morbillo** ēl mōrbē'lō
migraine	**l'emicrania** lemēkrä'nēä
mumps	**gli orecchioni** *m/pl* lyē ōrekyō'nē
nausea	**la nausea** lä nou'ze·ä
nose bleed	**l'emorragia nasale** lemōräjē'ä näsä'le
nurse	**l'infermiera** lēnfermye'rä
to operate	**operare** ōperä're
ophthalmologist	**l'oculista** *m* lōkōōlē'stä
orthopedist	**l'ortopedico** lōrtōpe'dēkō
pain(s)	**i dolori** *m/pl* ē dōlō'rē
pediatrician	**il pediatra** ēl pedyä'trä
pneumonia	**la polmonite** lä pōlmōnē'te
poisoning	**l'avvelenamento** lävelenämen'tō
polio	**la poliomielite** lä pōlēomēelē'te
pregnant	**incinta** ēntshēn'tä
pulled muscle	**lo stiramento** lō stērämen'tō

pulled tendon	**lo stiramento (dei tendini)** lō stērämen'tō (de'ē ten'dēnē)
pus	**il pus** ēl pōōs
rash	**l'esantema** *m* lesänte'mä
respiratory problems	**le difficoltà respiratorie** le dēfēkōltä' respērätōr'ye
rheumatism	**i reumatismi** *m/pl* ē re·ōōmätēz'mē
scarlet fever	**la scarlattina** lä skärlätē'nä
sciatica	**la sciatica** lä shä'tēka
seasickness	**il mal di mare** ēl mäl dē mä're
the shivers	**i brividi (di febbre)** ē brē'vēdē (dē fe'bre)
shock	**lo shock** lō shōk
sinus infection	**la sinusite** lä sēnōōzē'te
sore throat	**il mal di gola** ēl mäl dē gō'lä
sprained	**slogato** zlōgä'tō
sting	**la puntura** lä pōōntōō'rä
stomachache	**il mal di stomaco** ēl mäl dē stō'mäkō
stomach ulcer	**l'ulcera gastrica** lōōl'tsherä gä'strēkä
stroke	**il colpo apoplettico** ēl kōl'pō äpōple'tēkō
sunstroke	**l'insolazione** *f* lēnsōlätsyō'ne
sunburn	**la scottatura (da sole)** lä skōtätōō'rä (dä sō'le)
sweating	**la forte traspirazione** lä fōr'te träspērätsyō'ne
swelling	**il gonfiore** ēl gōnfyō're
tetanus	**il tetano** ēl te'tänō
tonsillitis	**la tonsillite** lä tōnsēlē'te
torn ligament	**lo strappo ai legamenti** lō strä'pō ī legämen'tē

9

ulcer	**l'ulcera** lōōl'tsherä
urine sample	**l'analisi *f* delle urine** läna'lēsē de'le ōōrē'ne
urologist	**l'urologo** lōōrō'lōgō
vaccination	**la vaccinazione** lä vätshēnätsyō'ne
– record	**il libretto delle vaccinazioni** ēl lēbre'tō de'le vätshēnätsyō'nē
venereal disease	**la malattia venerea** lä mälätē'ä vene're·ä
veterinarian	**il veterinario** ēl veterēnär'yō
vomiting	**il vomito** ēl vō'mētō
ward	**il reparto** ēl repär'tō
whooping cough	**la pertosse** lä pertō'se
wound	**la ferita** lä ferē'tä
to X-ray	**fare una radiografia** fä're ōō'nä rädyōgräfē'ä

At the Dentist's

... hurts.	**Mi fa male ...** mē fä mä'le ...
This tooth here	**questo dente.** kōō·e'stō den'te.
This tooth at the top	**il dente qui sopra.** ēl den'te kōō·ē' sō'prä.
This tooth at the bottom	**il dente qui sotto.** ēl den'te kōō·ē' sō'tō.
This tooth on the right	**il dente qui a destra.** ēl den'te kōō·ē' ä des'trä.
This tooth on the left	**il dente qui a sinistra.** ēl den'te kōō·ē' ä sēnēs'trä.

This tooth is broken. **Mi si è rotto questo dente.**
mē sē e rō'tō kōō·e'stō den'te.

I've lost a filling. **È andata via l'otturazione.**
e ändä'tä vē'ä lōtōōrätsyō'ne.

Can you do a temporary job on the tooth? **Può fare soltanto un trattamento provvisorio?** pōō·ō' fä're sōltän'tō ōōn trätämen'tō prōvēzōr'yō?

Please don't pull the tooth. **Non mi tolga il dente, per favore.**
nōn mē tōl'gä ēl den'te, per fävō're.

Would you give me/I'd rather not have an injection, please. ***Mi faccia/Non mi faccia* la puntura.**
mē fä'tshä/nōn mē fä'tshä lä pōōntōō'rä.

What the dentist says

Occorre ... ōkō're ...

un ponte. ōōn pōn'te.
un'otturazione. ōōnōtōōrätsyō'ne.
una corona. ōō'nä kōrō'nä.

You need a ...

bridge.
filling.
crown.

Devo estrarre il dente.
de'vō esträ're ēl den'te.

I'll have to pull the tooth.

Si sciacqui bene la bocca.
sē shä'kōō·ē be'ne lä bō'kä.

Rinse out your mouth, please.

Non mangi niente per due ore.
nōn män'jē nēen'te per dōō'e ō're.

Don't eat anything for two hours.

9

(local) anesthetic	**l'anestesia (locale)** länestezē'ä (lōkä'le)
braces	**l'apparecchio per i denti** läpäre'kyō per ē den'tē
bridge	**il ponte** ēl pōn'te
cavity	**la carie** lä kär'yē
collar of the tooth	**il collo del dente** ēl kō'lō del den'te
crown	**la corona** lä kōrō'nä
gold –	**la corona d'oro** lä kōrō'nä dō'rō
porcelain –	**la corona di porcellana** lä kōrō'nä dē pōrtshelä'nä
dentist	**il dentista** ēl dentē'stä
dentures	**la dentiera, la protesi** lä dentye'rä, lä prōte'zē
eye tooth	**il (dente) canino** ēl (den'te) känē'nō
filling	**l'otturazione *f*** lōtōōrätsyō'ne
amalgam –	**l'otturazione *f* di amalgama** lōtōōrätsyō'ne dē ämäl'gämä
synthetic –	**l'otturazione di materiale sintetico** lōtōōrätsyō'ne dē mäteryä'le sēnte'tēkō
gums	**la gengiva** lä jenjē'vä
gum disease	**la paradentosi** lä pärädentō'zē
imprint	**il calco** ēl käl'kō
incisor	**il dente incisivo** ēl den'te ēntshēzē'vō
inflammation	**l'infiammazione *f*** lēnfyämätsyō'ne
injection	**la puntura** lä pōōntōō'rä
inlay	**l'otturazione d'oro** lōtōōrätsyō'ne dō'rō
jaw	**la mascella** lä mäshe'lä

molar	**il (dente) molare** ēl (den'te) mōlä're
nerve	**il nervo** ēl ner'vō
office hours	**l'orario delle visite** lōrär'yō de'le vē'zēte
orthodontal clinic	**la clinica odontoiatrica** lä klē'nēkä ōdōntōyä'trēkä
pivot tooth	**il dente a perno** ēl den'te ä per'nō
to pull	**estrarre** esträ're
root	**la radice** lä rädē'tshe
– canal work	**il trattamento della radice** ēl trätämen'tō de'lä rädē'tshe
tooth	**il dente** ēl den'te
– decay	**la carie** lä kär'ye
wisdom tooth	**il dente del giudizio** ēl den'te del jōōdē'tsyō

POLICE; LOST AND FOUND

Where is the nearest police station?	**Dov'è il posto di polizia più vicino?** dōve' ēl pō'stō dē pōlētsē'ä pyōō vētshē'nō?

INFO The police in Italy are divided into three forces: the **carabinieri** käräbēnye'rē, the **polizia** pōlētsē'ä, and the **vigili urbani** vē'jēlē ōōrbä'nē. The **vigili urbani** are responsible for traffic and the stores in the towns. The **polizia** and the **carabinieri** have almost identical duties, but the **carabinieri** work under the auspices of the military, and the **polizia** answer to the civil authorities.

Does anyone here speak English?	**C'è qualcuno che parla inglese?** tshe kōō·älkōō'nō ke pär'lä ēn·gle'se?
I'd like to report ...	**Vorrei denunciare ...** vōre'ē denōōntshä're ...
a theft.	**un furto.** ōōn fōōr'tō.
an accident.	**un incidente.** ōōn ēntshēden'te.
a rape.	**uno stupro.** ōō'nō stōō'prō.
My *daughter/son* has disappeared.	***Mia figlia/Mio figlio* è ♀scomparsa/ ♂scomparso.** *mē'ä fē'lyä/mē'ō fē'lyō* e ♀ skōmpär'sä/ ♂ skōmpär'sō.
My ... has been stolen.	**Mi hanno rubato ...** mē ä'nō rōōbä'tō ...
I've lost ...	**Ho perso ...** ō per'sō ...
My car has been broken into.	**Hanno forzato la mia macchina.** ä'nō fōrtsä'tō lä mē'ä mä'kēnä.
My *room/house* has been broken into.	**Qualcuno è etrato nella mia *casa/ camera*.** kōō·älkōō'nō e eträ'tō ne'lä mē'ä *kä'sä/kä'merä*.
I need a copy of the official report for insurance purposes.	**Mi occorre una copia della denuncia per la mia assicurazione.** mē ōkō're ōō'nä kō'pyä de'lä denōōn'tshä per lä mē'ä äsēkōōrätsyō'ne.
I'd like to speak to *my lawyer/the consulate*.	**Vorrei parlare con il mio *avvocato/ consolato*.** vōre'ē pärlä're kōn ēl mē'ō *ävōkä'tō/kōnsōlä'tō*.

What the police say

Compili questo modulo, per favore. kōmpē'lē kōō·e'stō mō'dōōlō, per fävō're.	Please fill out this form.
I Suoi documenti, per favore. ē sōō·oi' dōkōōmen'tē, per fävō're.	Your passport, please.
Dove abita *in America/qui*? dō've ä'bētä ēn *äme'rēkä/kōō·ē'*?	What is your address *in the United States/ here*?
***Quando/Dove* è successo?** *kōō·än'dō/dō've* e sōōtshe'sō?	*When/Where* did this happen?
Si rivolga al Suo consolato, per favore. sē rēvōl'gä äl sōō'ō kōnsōlä'tō, per fävō're.	Please get in touch with your consulate.

Police; Lost and Found

accident	**l'incidente *m*** lēntshēden'te
to arrest	**arrestare** ärestä're
to assault	**picchiare** pēkyä're
broken into	**forzato** fōrtsä'tō
car	**la macchina** lä mä'kēnä
– key	**le chiavi della macchina** le kyä'vē de'lä mä'kēnä
– radio	**l'autoradio *f*** loutōrä'dyō
– registration	**i documenti della macchina** ē dōkōōmen'tē de'lä mä'kēnä
consulate	**il consolato** ēl kōnsōlä'tō

9

court (of law)	**il tribunale** ēl trēbōōnä'le
handbag	**la borsa** lä bōr'sä
lawyer *(female)*	**l'avvocatessa** lävōkäte'sä
lawyer *(male)*	**l'avvocato** lävōkä'to
lost	**perso** per'sō
– and found	**l'ufficio oggetti smarriti** lōōfē'tshō ōje'tē zmärē'tē
mugging	**l'aggressione** *f* lägresyō'ne
passport	**il passaporto** ēl päsäpōr'tō
pickpocket	**lo scippatore** lō shēpätō're
police	**la polizia** lä pōlētsē'ä
–man	**il poliziotto** ēl pōlētsyō'tō
– station	**il posto di polizia** ēl pō'stō dē pōlētsē'ä
–woman	**la poliziotta** lä pōlētsyō'tä
prison	**la prigione** lä prējō'ne
purse	**il portamonete** ēl pōrtämōne'te
rape	**lo stupro** lō stōō'prō
to report *(someone/ something)* to the police	**denunciare** denōōntshä're
stolen	**rubato** rōōbä'tō
theft	**il furto** ēl fōōr'tō
thief	**il ladro** ēl lä'drō
witness	**il testimone** ēl testēmō'ne

Time and Weather

TIME

Time of Day

What time is it?	**Che ore sono?** ke ō're sō'nō?
It's one o'clock.	**È l'una.** e lōō'nä.
It's two o'clock.	**Sono le due.** sō'nō le dōō·e.
It's twelve *noon/ midnight*.	**È *mezzogiorno/mezzanotte*.** e *metsōjōr'nō/metsänō'te*.
It's twenty-five minutes to four.	**Sono le tre e trentacinque.** sō'nō le tre e trentätshēn'kōō·e.
It's a quarter past five.	**Sono le cinque e un quarto.** sō'nō le tshēn'kōō·e e ōōn kōō·är'tō.
It's six-thirty.	**Sono le sei e mezza.** sō'nō le se'ē e me'tsä.
It's a quarter to nine.	**Sono le nove meno un quarto.** sō'nō le nō've me'nō ōōn kōō·är'tō.
It's five after four.	**Sono le quattro e cinque.** sō'nō le kōō·ä'trō e tshēn'kōō·e.
It's ten to eight.	**Sono le otto meno dieci.** sō'nō le ō'tō me'nō dye'tshē.
(At) What time?	**A che ora?** ä ke ō'rä?
At (about) eleven.	**Alle undici (circa).** ä'le ōōn'dētshē (tshēr'kä).

From eight to nine (o'clock).	**Dalle otto alle nove.** dä'le ō'tō ä'le nō've.
Until 11 o'clock.	**Fino alle undici.** fē'nō ä'le ōōn'dētshē.
Between ten and twelve.	**Tra le dieci e mezzogiorno.** trä le dye'tshē e metsōjōr'nō.
Not before seven p.m.	**Non prima delle sette (di sera).** nōn prē'mä de'le se'te (dē se'rä).
Shortly after nine.	**Poco dopo le nove.** pō'kō dō'pō le nō've.
Around seven.	**Verso le sette.** ver'sō le se'te.
In half an hour.	**Fra mezz'ora.** frä metsō'rä.
It's (too) late.	**È (troppo) tardi.** e (trō'pō) tär'dē.

Basic Vocabulary

afternoon	**il pomeriggio** ēl pōmerē'jo
in the –	**di pomeriggio** dē pōmerē'jo
ago	**fa** fä
at	**a, *pl:* alle** ä, *pl:* ä'le
– three o'clock	**alle tre** ä'le tre
before	**prima** prē'mä
day	**il giorno** ēl jōr'nō
during the –	**di giorno** dē jōr'nō
earlier	**prima** prē'mä
early	**presto** pre'stō
evening	**la sera** lä se'rä

in the –	**di sera** dē se'rä
this –	**stasera** stäse'rä
every half hour	**ogni mezz'ora** ō'nyē metsō'rä
for	**da** dä
hour	**l'ora** lō'rä
half an –	**mezz'ora** metsō'rä
quarter of an –	**il quarto d'ora** ēl kōō·är'tō dō'rä
in/on time	**in tempo** ēn tem'pō
late	**tardi** tär'dē
later	**più tardi** pyōō tär'dē
minute	**il minuto** ēl mēnōō'tō
month	**il mese** ēl me'se
a – ago	**un mese fa** ōōn me'se fä
morning	**la mattina** lä mätē'nä
in the –	**di mattina** dē mätē'nä
this –	**stamattina** stämätē'nä
night	**la notte** lä nō'te
at –	**di notte** dē nō'te
noon	**il mezzogiorno** ēl metsōjōr'nō
at –	**a mezzogiorno** ä metsōjōr'nō
now	**adesso** äde'sō
season	**la stagione** lä stäjō'ne
second	**il secondo** ēl sekōn'dō
since	**da** dä
sometimes	**qualche volta** kōō·ä'lke vōl'tä
soon	**presto** pre'stō
today	**oggi** ō'jē
tomorrow	**domani** dōmä'nē
the day after –	**dopodomani** dōpōdōmä'nē

tonight	**stanotte** stänō'te
until	**fino** fē'nō
week	**la settimana** lä setēmä'nä
every –	**ogni settimana** ō'nyē setēmä'nä
weekly	**settimanale** setēmänä'le
year	**l'anno** lä'nō
last –	**l'anno scorso** lä'nō skōr'sō
next –	**l'anno prossimo** lä'nō prō'sēmō
yesterday	**ieri** ē·e'rē

Seasons

spring	**la primavera** lä prēmäve'rä
summer	**l'estate** *f* lestä'te
fall	**l'autunno** lautōō'nō
winter	**l'inverno** lēnver'nō

Legal Holidays

Mardi gras	**il carnevale** ēl kärnevä'le
Good Friday	**il Venerdì Santo** ēl venerdē sän'tō
Easter	**la Pasqua** lä päs'kōō·ä
Pentecost	**la Pentecoste** lä pentekō'ste
Assumption of Mary	**l'Assunzione, il Ferragosto** läsōōntsyō'ne, ēl ferägō'sto
Christmas Eve	**la vigilia di Natale** lä vējē'lēä dē nätä'le
Christmas	**il Natale** ēl nätä'le
New Year	**il Capodanno** ēl käpōdä'nō
New Year's Eve	**San Silvestro** sän sēlves'trō

INFO The feast day of each town's or city's patron saint is a holiday there; for example, June 24 is a holiday in Florence, June 29, in Rome, etc. **La Liberazione** (Italian Independence Day) is observed on April 25, but there are usually no special celebrations on that day.

THE DATE

What's today's date?	**Quanti ne abbiamo oggi?** kōō·än'tē ne äbyä'mō ō'jē?
Today is July 2nd.	**Oggi è il due luglio.** ō'jē e ēl dōō'e lōō'lyō.
We're leaving on August 20th.	**Partiamo il venti agosto.** pärtyä'mō ēl ven'tē ägō'stō.

Days of the Week

Monday	**lunedì** lōōnedē'
Tuesday	**martedì** märtedē'
Wednesday	**mercoledì** merkōledē'
Thursday	**giovedì** jovedē'
Friday	**venerdì** venerdē'
Saturday	**sabato** sä'bätō
Sunday	**domenica** dōme'nēkä

INFO The first day of the month is designated by an ordinal number; for example **primo luglio** prē'mō lōō'lyō (the first of June).

Months

January	**gennaio** jenä'yō
February	**febbraio** febrä'yō
March	**marzo** mär'tso
April	**aprile** äprē'le
May	**maggio** mä'jō
June	**giugno** jōō'nyō
July	**luglio** lōō'lyō
August	**agosto** ägō'stō
September	**settembre** setem'bre
October	**ottobre** ōtō'bre
November	**novembre** nōvem'bre
December	**dicembre** dētshem'bre

THE WEATHER

What's the weather going to be like today?	**Che tempo farà oggi?** ke tem'pō färä' ō'jē?
Have you heard the weather forecast yet?	**Ha già sentito le previsioni del tempo?** ä jä sentē'tō le prevēsyō'nē del tem'pō?
It's/It's going to be ...	***Fa/Farà ...*** fä/färä' ...
warm.	**caldo.** käl'dō.
hot.	**molto caldo.** mōl'tō käl'dō.
cold.	**freddo.** fre'dō.
cool.	**fresco.** fre'skō
It's humid.	**C'è afa.** tshe ä'fä.

It's rather windy.	**Tira parecchio vento.** tē'rä päre'kyō ven'tō.
It's very windy.	**C'è molto vento.** tshe mōl'tō ven'tō.
The sky is *clear/ cloudy*.	**Il cielo è *sereno/nuvoloso*.** ēl tshe'lō e *sere'nō/nōōvōlō'zō*.
What's the temperature?	**Quanti gradi ci sono?** kōō·än'tē grä'dē tshē sō'nō?
It's ... degrees (below zero).	**Ci sono ... gradi (sotto zero).** tshē sō'nō ... grä'dē (sō'tō dze'rō).
It looks like *rain/ a storm*.	**Pare che voglia *piovere/fare un temporale*.** pä're ke vō'lyä *pyō'vere/fä're ōōn tempōrä'le*.
It's foggy.	**C'è nebbia.** tshe ne'byä.
The streets are icy.	**Le strade sono ghiacciate.** le strä'de sō'nō gyätshä'te.

The Weather

air	**l'aria** lär'yä
clear	**sereno, limpido** sere'nō, lēm'pēdō
climate	**il clima** ēl klē'mä
cloud	**la nuvola** lä nōō'vōlä
–burst	**il nubifragio** ēl nōōbēfrä'jō
cloudy	**nuvoloso** nōōvōlō'zō
cold	**freddo** fre'dō
I'm –	**sento freddo** sen'tō fre'dō

cool	**fresco** fre'skō
damp	**umido** ōō'mēdō
dawn	**l'alba** läl'bä
degree	**il grado** ēl grä'dō
drizzle	**la pioviggine** lä pyōvējē'ne
dry	**secco** se'kō
dusk	**il crepuscolo** ēl krepōōs'kōlō
fair	**sereno** sere'nō
fog	**la nebbia** lä ne'byä
frost	**il gelo** ēl je'lō
heat	**il caldo** ēl käl'dō
– wave	**l'ondata di caldo** lōndä'tä dē käl'dō
high-pressure area	**l'alta pressione** läl'tä presyō'ne
hot	**(molto) caldo** (mōl'tō) käl'dō
I'm –	**sento caldo** sen'tō käl'dō
humid	**afoso** äfō'sō
ice *(in general)*	**il ghiaccio** ēl gyä'tshō
ice *(on the road)*	**il gelo** ēl je'lō
it's freezing	**gela** je'lä
it's raining	**piove** pyō've
it's snowing	**nevica** ne'vēkä
it's thawing	**sgela** sje'lä
lightning	**i lampi** ē läm'pē
low-pressure area	**la bassa pressione** lä bä'sä presyō'ne
moon	**la luna** lä lōō·nä
overcast	**coperto** kōper'tō
rain	**la pioggia** lä pyō'jä
rainy	**piovoso** pyōvō'zō

shower	**il rovescio di pioggia** ēl rōve'shō dē pyō'jä
snow	**la neve** lä ne've
star	**la stella** lä ste'lä
storm	**la tempesta** lä tempe'stä
stormy	**tempestoso** tempestō'sō
sun	**il sole** ēl sō'le
–rise	**il sorgere del sole** ēl sōr'jere del sō'le
–set	**il tramonto** ēl trämōn'tō
sunny	**soleggiato** sōlejä'tō
temperature	**la temperatura** lä temperätōō'rä
thaw	**il disgelo** ēl dēsje'lō
thunder	**il tuono** ēl tōō·ō'nō
–storm	**il temporale** ēl tempōrä'le
variable	**variabile** väryä'bēle
warm	**caldo** käl'dō
weather	**il tempo** ēl tem'pō
– forecast	**il bollettino meteorologico** ēl bōletē'nō mete·ōrōlō'jēkō
wet	**bagnato** bänyä'tō
wind	**il vento** ēl ven'tō
east –	**il vento di levante** ēl ven'tō dē levän'te
north –	**la tramontana** lä trämōntä'nä
south –	**il vento australe** ēl ven'tō ousträ'le
west –	**il vento di ponente** ēl ven'tō dē pōnen'te
– force	**la forza del vento** lä fōr'tsä del ven'tō
windy	**ventoso** ventō'sō

Grammar

ARTICLES

Definite Articles

As with most other foreign languages, Italian divides nouns into genders: nouns, their preceeding articles and accompanying adjectives are either *masculine* or *feminine*.

	Singular	Plural
♂	**il**	**i**
♂ in front of **s + consonant, z, gn** e. g. **lo studente** the student	**lo**	**gli**
♀	**la**	**le**

When the articles **il** and **la** are coupled with a noun beginning with a vowel, they are abbreviated to **l'**: for example **l'amica** – the (female) friend, **l'amico** – the (male) friend.

When referring to someone in the third person by their last name, the definite article must precede **signor(e)** or **signora**: **la signora Rossi** – Mrs. Rossi. If, however, you are addressing someone, **signor** and **signora** are used without an article: **Come sta, signor Ferrari?** – How are you, Mr. Ferrari?

The prepositions **a**, **da**, **di**, **in** and **su**, when used together with the articles, are contracted into the following forms:

	il	lo	la	l'
di from, of	**del**	**dello**	**della**	**dell'**
a at, on	**al**	**allo**	**alla**	**all'**
da at, from	**dal**	**dallo**	**dalla**	**dall'**
in in, to	**nel**	**nello**	**nella**	**nell'**
su on	**sul**	**sullo**	**sulla**	**sull'**

	i	gli	le
di from, of	**dei**	**degli**	**delle**
a at, on	**ai**	**agli**	**alle**
da at, from	**dai**	**dagli**	**dalle**
in in, to	**nei**	**negli**	**nelle**
su on	**sui**	**sugli**	**sulle**

The Indefinite Article

♂	**un**
♂ in front of **s + consonant, z, gn** e. g. **uno studente** a student	**uno**
♀	**una**

Partitive Articles and Amounts

If you wish to describe an indefinite amount or number, you must use the "partitive article". It is formed by putting the preposition **di** together with the respective definite article: **Ho comprato delle arance.** – I have bought (some) oranges.

On the other hand, if you wish to denote a definite amount, you must couple the noun itself with **di**: **un piatto di spaghetti** – a plate of spaghetti, **un litro di latte** – a liter of milk. The expression **un po'** (a bit of) also counts as a definite amount: **un po' di formaggio** – a bit of cheese.

NOUNS

Nouns ending in **-o** are almost always masculine; nouns ending in **-a** are almost always feminine. Nouns ending in **-e** can be either masculine or feminine.

Plurals in Italian are formed in different ways and depend upon the gender and ending of the noun. The following table shows how to put singular nouns into the plural:

	Singular	Plural
♂ (-o)	**il ragazz*o*** the boy	**i ragazz*i*** the boys
♀ (-a)	**la ragazz*a*** the girl	**le ragazz*e*** the girls
♂ oder ♀	**il padr*e*** the father	**i padr*i*** the fathers
(-e)	**la madr*e*** the mother	**le madr*i*** the mothers

The few masculine nouns that end in **-a** use the **-i** ending when in the plural: **il problem*a*** – the problem → **i problem*i***.

Special cases:

1. In order to retain the same pronunciation of the letters **c** and **g**, words that end in **-co** or **-ca** and **-go** or **-ga** take on an **h** be-

fore the **-i** or **-e** ending: **bianco** – white → **bianchi**, **amica** – (female) friend → **amiche**. There are exceptions to this rule: **amico** – (male) friend → **amici**; and words ending in **-co** and **-go** whose emphasis falls on the third-to-last syllable: **medico** – doctor → **medici**.

2. Most nouns ending in **-cia** and **-gia** lose the **-i-** when in the plural: **spiaggia** – beach → **spiagge**.

3. Most nouns ending in **-io** form the plural only with *one* **-i**: **viaggio** – journey, trip → **viaggi**.

ADJECTIVES AND ADVERBS

Adjectives

Adjectives conform in gender and number to the nouns they are modifying.

If the masculine adjective form ends in an **-o**, then the feminine form of that adjective will substitute an **-a** for the **-o**: **piccolo** – small → **piccola**. Adjectives ending in **-e** have the same endings for both genders. To make the plural, the same rules as for nouns apply.

Adjectives usually come after the noun in Italian: **la macchina rossa** – the red car. Some adjectives may, however, come before the noun.

If an adjective describes a place of origin, it will be written in lower case: **la cucina italiana** – Italian cuisine.

Special cases:

1. When used before masculine singular nouns that do not begin with a **z**, **gn** or an **s + consonant**, the word **"buono"** (good) will be shortened into **buon**: **un buon ristorante** – a good restaurant.

2. When used before singular nouns that do not begin with a **z**, **gn, vowel** or **s + consonant**, the word **"grande"** (large) will be shortened into **gran**: **una gran festa** – a large festival.

Comparatives

Adjectives are intensified for the comparative by putting **più** in front of them. To form the superlative, **più** is used with the definite article: **bello** – beautiful → **più bello** – more beautiful → **il più bello** – most beautiful.

È più bello sciare che nuotare. Skiing is nicer than swimming.
È più giovane di me. He/She is younger than I.

To express "very" + adjective, the suffix **-issimo** or **-issima** is used: **Roma è bellissima.** Rome is very beautiful.

Adverbs

Adverbs are made by adding the suffix **"-mente"** to the feminine form of the adjective, for example:
tranquillo quiet → **tranquilla** → **tranquillamente** quietly
felice happy → **felicemente** happily.

If the adjective ends in **-le** or **-re**, it loses the **-e** before adding **-mente**: **piacevole** pleasant → **piacevolmente** pleasantly.

Comparatives

Adverbs form the comparative like the adjectives: **presto** early → **più presto** earlier → **al più presto** at the earliest → **prestissimo** very early.

PRONOUNS

Personal Pronouns

	Nominative		Dative		Accusative	
Singular	**io**	I	**mi**	(to) me	**mi**	me
	tu	you	**ti**	(to) you	**ti**	you
	lui	he	**gli**	(to) him	**lo**	him
	lei	she	**le**	(to) her	**la**	her
	Lei	you (*polite*)	**Le**	(to) you (*polite*)	**La**	you (*polite*)
Plural	**noi**	we	**ci**	(to) us	**ci**	us
	voi	you	**vi**	(to) you	**vi**	you
	Voi	you (*polite*)	**Vi**	(to) you (*polite*)	**Vi**	you (*polite*)
	loro	they	**gli/loro**	(to) them	**li/le**	them
	Loro	you (*polite*)	**Loro**	(to) you (*polite*)	**Loro**	you (*polite*)

The pronouns **la** and **lo** turn into **l'** when preceding a vowel or an **h**: **l'abbiamo visto** – we have seen him; **l'abbiamo vista** – we have seen her.

Note: If you are using the polite form in speaking to someone, then use **Lei** as shown with the third person singular. If you are speaking to more than one person with whom you would use the polite form, then you may use either **Voi** as shown with the second person plural or **Loro** as shown with the third person plural.

You only use the nominative of the personal pronoun if emphasizing a particular person; otherwise the verb ending is sufficient to identify the subject of the action in the sentence: **Sono stanco.** – *I* am tired. **È a casa?** – Is *he/she* at home? (or "Are *you* at home?" in the polite form).

Reflexive Pronouns

The reflexive pronouns are the same in the dative and accusative: **mi**, **ti**, **si**, **ci**, **vi** and **si**.

Ci and **Ne**

Ci can replace phrases that begin with **a** and **in**: **Sei già stato *a Firenze/in Italia*?** – Have you ever been to Florence/Italy?
Si, ci sono stato. – Yes, I've been there.

Ne can replace phrases that begin with **di** or **da**: **Siete contenti dell'albergo**? – Are you happy with your hotel?
Si, ne siamo contenti. – Yes, we're happy with it.

Pronoun Placement

Pronouns come before a conjugated verb: **Le telefono.** I'll phone you.

Used with the infinitive or imperative verb forms, pronouns are added to the end of the verb to which they apply: **Mi fa piacere rivederLa.** I am happy to see you again.

If more than one pronoun is being used, then the dative pronoun preceeds the accusative. The pronouns **mi**, **ti**, **ci**, **vi** and **si** change correspondingly to **me**, **te**, **ce**, **ve**, **se**: **Ve lo do.** – I am giving it to you.

Gli plus **lo**, **la**, **le**, **li** and **ne** are combined as follows: **glielo**, **gliela**, **gliele**, **glieli** and **gliene**: **Glielo dico.** – I'll say it to him/her.

Possessive Pronouns

possession	Singular		Plural	
possessor	♂	♀	♂	♀
Singular	**il mio**	**la mia**	**i miei**	**le mie**
	il tuo	**la tua**	**i tuoi**	**le tue**
	il suo	**la sua**	**i suoi**	**le sue**
	il Suo	**la Sua**	**i Suoi**	**le Sue**
Plural	**il nostro**	**la nostra**	**i nostri**	**le nostre**
	il vostro	**la vostra**	**i vostri**	**le vostre**
	il loro	**la loro**	**i loro**	**le loro**

You must put the appropriate definite article in front of possessive pronouns: **il mio libro** – my book; **Di chi è questo libro? È (il) mio.** – To whom does this book belong? It belongs to me.

Exception: close relations in the singular: for example **mio fratello** – my brother.

Relative Pronouns

The relative pronoun **che** is used for both genders in nominative and accusative, singular and plural.

With prepositions **cui** is used: **la signora con cui lavoro** – the woman with whom I work.

VERBS

Present Tense

Italian verbs are grouped according to their infinitive endings. They are conjugated more extensively than in English, as you can see from the following table:

	-are **lavorare** work	**-ere** **prendere** take	**-ire** **sentire** hear	**preferire** prefer
(io)	**lavor*o***	**prend*o***	**sent*o***	**prefer*isco***
(tu)	**lavor*i***	**prend*i***	**sent*i***	**prefer*isci***
(lui) **(lei)** **(Lei)**	**lavor*a***	**prend*e***	**sent*e***	**prefer*isce***
(noi)	**lavor*iamo***	**prend*iamo***	**sent*iamo***	**prefer*iamo***
(voi)	**lavor*ate***	**prend*ete***	**sent*ite***	**prefer*ite***
(loro) **(Loro)**	**lavor*ano***	**prend*ono***	**sent*ono***	**prefer*iscono***

Verbs ending in **-care/-gare** insert an **h** before the endings **-i** and **-iamo** in order to maintain the same pronunciation. For example: **cercare** – to look for: **cerco**, **cerc*h*i**, **cerca**, **cerc*h*iamo**, **cercate**, **cercano**.
The same rule applies for other verb tenses that use **-e-**, for example the conditional: **cercare** → **cercherei** – I would look for.
Some other verbs conjugated like **preferire** are: **capire** – to understand, **costruire** – to build, **finire** – to finish, **pulire** – to clean, **spedire** – to send, **tossire** – to cough.

avere and *essere*

avere have	**essere** be
ho	**sono**
hai	**sei**
ha	**è**
abbiamo	**siamo**
avete	**siete**
hanno	**sono**

The Perfect Tense

The perfect tense is formed by using the present tense of **avere** or **essere** with a past participle.

The past participle is formed as follows:
1. verbs ending in **-are** use **-ato**: **lavorare** → **lavorato** – worked
2. verbs ending in **-ere** use **-uto**: **credere** – to believe → **creduto** – believed
3. verbs ending in **-ire** use **-ito**: **sentire** → **sentito** – heard.

The perfect tense of most verbs is formed using **avere**. If you are using a verb of *motion*, however, the perfect tense is formed with **essere**: **ho mangiato** – I have eaten; **sono andato** – I have gone. In addition to verbs of motion, reflexive verbs and some impersonal verbs that usually appear in the third person also form the perfect tense with **essere**: **mi sono pettinato** – I combed my hair; **mi è piaciuto** – I liked it (translated word-for-word: "It was pleasing to me").

When verbs form the perfect tense with **essere**, the past participle conforms to gender and number just like an adjective: **Laura è uscit*a***. – Laura has gone out. **I bambini sono andat*i* a giocare.** – The children have gone to play.

When used with **avere**, the past participle only changes when used with the preceding accusative pronouns **lo**, **la**, **li**, **le** and **ne**: **Hai vist*o* Carla? Si, l'ho vist*a*.** – Have you seen Carla? Yes, I have seen her.

The Conditional

You use the conditional to ask a question or say something politely: **Mi saprebbe dire che ore sono?** – Could you tell me what time it is? **Mi accompagnerebbe a casa?** – Would you take me home? **Vorrei un caffè.** – I would like a (cup of) coffee. The conditional can also express a wish or a possibility: **Vivrei volentieri in Italia.** – I would love to live in Italy.

abitare live	**leggere** read	**uscire** go out
abit*erei*	legg*erei*	usc*irei*
abit*eresti*	legg*eresti*	usc*iresti*
abit*erebbe*	legg*erebbe*	usc*irebbe*
abit*eremmo*	legg*eremmo*	usc*iremmo*
abit*ereste*	legg*ereste*	usc*ireste*
abit*erebbero*	legg*erebbero*	usc*irebbero*

Important irregular verbs

andare go – past participle: **andato**
present tense: **vado, vai, va, andiamo, andate, vanno**
conditional: **andrei** etc.

avere have – past participle: **avuto**
present tense: **ho, hai, ha, abbiamo, avete, hanno**
conditional: **avrei** etc.

bere drink – past participle: **bevuto**
present tense: **bevo, bevi, beve, beviamo, bevete, bevono**
conditional: **berrei** etc.

dare give – past participle: **dato**
present tense: **do, dai, dà, diamo, date, danno**
conditional: **darei** etc.

dire say – past participle: **detto**
present tense: **dico, dici, dice, diciamo, dite, dicono**
conditional: **direi** etc.

dovere have to – past participle: **dovuto**
present tense: **devo, devi, deve, dobbiamo, dovete, devono**
conditional: **dovrei** etc.

essere be – past participle: **stato**
present tense: **sono, sei, è, siamo, siete, sono**
conditional: **sarei** etc.

fare do, make – past participle: **fatto**
present tense: **faccio, fai, fa, facciamo, fate, fanno**
conditional: **farei** etc.

potere can, be able, may – past participle: **potuto**
present tense: **posso, puoi, può, possiamo, potete, possono**
conditional: **potrei** etc.

salire get in – past participle: **salito**
present tense: **salgo, sali, sale, saliamo, salite, salgono**
conditional: **salirei** etc.

sapere know – past participle: **saputo**
present tense: **so, sai, sa, sappiamo, sapete, sanno**
conditional: **saprei** etc.

stare stay – past participle: **stato**
present tense: **sto, stai, sta, stiamo, state, stanno**
conditional: **starei** etc.

tenere hold – past participle: **tenuto**
present tense: **tengo, tieni, tiene, teniamo, tenete, tengono**
conditional: **terrei** etc.

uscire go out – past participle: **uscito**
present tense: **esco, esci, esce, usciamo, uscite, escono**
conditional: **uscirei** etc.

venire come – past participle: **venuto**
present tense: **vengo, vieni, viene, veniamo, venite, vengono**
past tense: venivo etc.

volere want – past participle: **voluto**
present tense: **voglio, vuoi, vuole, vogliamo, volete, vogliono**
conditional: **vorrei** etc.

NEGATIVE SENTENCES

1. no **no**
   Vieni con noi? No, ho da fare. Are you coming will us? No, I'm busy.

2. not **non**
   Non ho mangiato. I haven't eaten.
   Non la compro. I won't buy it.

3. nobody **non … nessuno**
   Non viene nessuno. Nobody comes.

4. nothing **non … niente**
   Non sento niente/nulla. I don't hear anything.

5. never **non … mai**
   Non esco mai. I never go out.

6. not any more **non … più**
   Non lavoro più. I don't work any more.

7. neither … nor **né … né**
   Non mangia né carne né pesce. He eats neither meat nor fish.

INTERROGATIVE SENTENCES

When asking questions, place the subject after the verb: **È partito Giovanni?** – Has Giovanni gone? Questions without an interrogative pronoun often retain the same word order as a statement in the indicative; one recognizes the statement as a question by the rising inflection toward the end of the sentence: **Giovanni è partito?** – Has Giovanni gone?

The most important interrogative pronouns

when?	**quando?**	**Quando parte?** When are they leaving?
why?	**perché?**	**Perché non viene?** Why doesn't he come?
what?	**che cosa?**	**Che cosa hai detto?** What did you say?
which?	**quale?**	**Quale vestito ti metti, quello blu?** Which dress are you going to wear, the blue one?
to whom?	**a chi?**	**A chi mandi questo pacco?** To whom are you sending this parcel?
who(m)?	**chi?**	**Chi hai visto?** Whom did you see?
who?	**chi?**	**Chi ti ha scritto?** Who wrote to you?
whose?	**di chi?**	**Di chi è la borsa?** Whose bag is that?
how?	**come?**	**Come si dice?** How do you say that?
how much?	**quanto?**	**Quanto costa?** How much does it cost?
where?	**dove?**	**Dove abita?** Where do you live?
where (from)?	**da dove?**	**Da dove viene?** Where are you from?
where (to)?	**dove?**	**Dove va quest'autobus?** Where does this bus go to?

NUMBERS

Cardinal Numbers

0 **zero** dze'rō
1 **uno** ōō'nō
2 **due** dōō'e
3 **tre** tre
4 **quattro** kōō·ä'trō
5 **cinque** tshēn'kōō·e
6 **sei** se'ē
7 **sette** se'te
8 **otto** ō'tō
9 **nove** nō've
10 **dieci** dye'tshē
11 **undici** ōōn'dētshē
12 **dodici** dō'dētshē
13 **tredici** tre'dētshē
14 **quattordici** kōō·ätōr'dētshē
15 **quindici** kōō·ēn'dētshē
16 **sedici** se'dētshē
17 **diciasette** dētshäse'te
18 **diciotto** dētshō'to
19 **diciannove** dētshänō've
20 **venti** ven'tē
21 **ventuno** ventōō'nō
22 **ventidue** ventēdōō'e
23 **ventitre** ventētre'
24 **ventiquattro** ventēkōō·ä'tro
25 **venticinque** ventētshēn'kōō·e

26	**ventisei** ventēse'ē
27	**ventisette** ventēse'te
28	**ventotto** ventō'tō
29	**ventinove** ventēnō've
30	**trenta** tren'tä
40	**quaranta** kōō·ärän'tä
50	**cinquanta** tshēnkōō·än'tä
60	**sessanta** sesän'tä
70	**settanta** setän'tä
80	**ottanta** ōtän'tä
90	**novanta** nōvän'tä
100	**cento** tshen'tō
101	**centouno** tshentō·ōō'nō
200	**duecento** dōō·etshen'tō
1 000	**mille** mē'le
2 000	**duemila** dōō·ēmē'lä
10 000	**diecimila** dyetshēmē'lä
100 000	**centomila** tshentomē'lä
1 000 000	**un milione** ōō mēlyō'ne

Ordinal Numbers

1 st	**primo** prē'mō
2nd	**secondo** sekōn'dō
3rd	**terzo** ter'tsō
4th	**quarto** kōō·är'tō
5th	**quinto** kōō·ēn'tō
6th	**sesto** se'stō
7th	**settimo** se'tēmo
8th	**ottavo** ōktä'vō

Here.	**Ici.** ēsē.
There.	**Là.** lä.
Over there.	**Là-bas.** lä-bä.
On/To the right.	**A droite.** ä drô·ät.
On/To the left.	**A gauche.** ä gōsh.
Straight ahead.	**Tout droit.** tōō drô·ä.
Do you have ...?	**Vous avez ...?** vōōzävā ...?
I would like ...	**Je voudrais ...** zhə vōōdre ...
How much does this cost?	**Combien ça coûte?** kôNbyeN sä kōōt?
Where is ...?	**Où est ...?** ōō e ...?
Where *is/are* there ...?	**Où est-ce qu'il y a ...?** ōō eskēlyä ...?
Today.	**Aujourd'hui.** ōzhōōrdvē.
Tomorrow.	**Demain.** dəmeN.
I don't want to.	**Je ne veux pas.** zhə nə vā̲ pä.
I can't.	**Je ne peux pas.** zhə nə pā̲ pä.
Just a minute, please.	**Un instant, s'il vous plaît.** eNeNstäN, sēl vōō plā.
Leave me alone!	**Laissez-moi tranquille!** lesā-mô·ä träNkēl!

Name
Nom
Home address
Adresse

Date of birth
Date de naissance

Address where you are staying
Adresse de vacances

ID/passport number
Numéro *de la carte d'identité/du passeport*

In case of emergency please contact
Personne(s) à prévenir en cas d'urgence

Important information (allergies, medicines, blood type etc.)
Indications importantes (allergies, médicaments, groupe sanguin, etc.)

In case of loss or theft, contact:
..... for traveler's checks
..... for credit cards